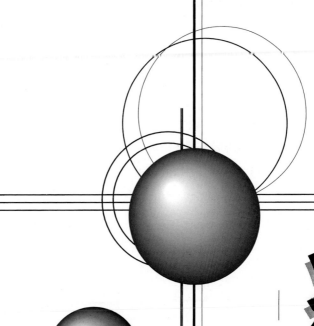

火災調査参考図

―調査に役立つ物品名鑑―

● 監修　東京消防庁
● 編著　火災調査研究会

東京法令出版

製品等の外観・構造・配線図等は一例であり、すべての製品に共通するものではありません。

目　次

―― 建築構造 ――

── 設　　備 ──

── 家具関係 ──

—— 部屋別の物品等 ——

── 車両関係 ──

——その他——

建築構造

1　木造軸組工法

〈主な構造・名称〉

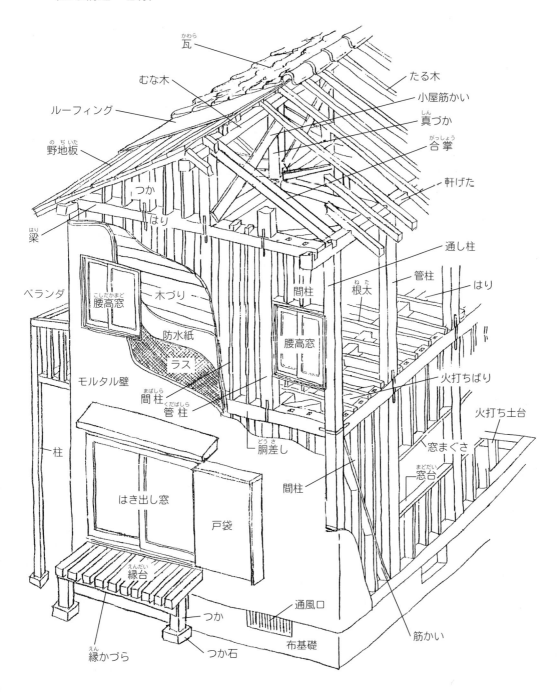

瓦（かわら）
むな木
ルーフィング
野地板（のぢいた）
つか
はり
梁（はり）
ベランダ
腰高窓（こしだかまど）
木づり
防水紙
ラス
モルタル壁
間柱（まばしら）
管柱（くだばしら）
柱
はき出し窓
戸袋
縁台（えんだい）
つか
縁かづら（えん）
つか石
胴差し（どうさし）
通風口
布基礎
間柱
窓台（まどだい）
窓まぐさ
火打ち土台
火打ちばり
はり
管柱
通し柱
根太（ねた）
間柱
腰高窓
筋かい
たる木
小屋筋かい
真づか（しん）
合掌（がっしょう）
軒げた

〈2階床〉

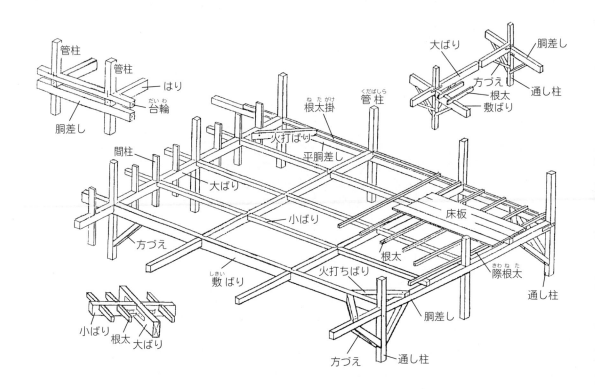

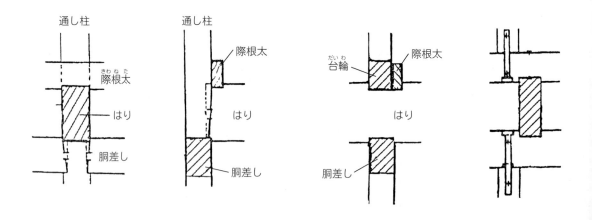

胴差し（どうざし）：柱と柱の間に取り付け、2階のはりを支える大きな横木
平胴差し（ひらどうさし）：断面が長方形の板を2枚組み合わせて使った胴差し
通し柱（とおしばしら）：土台から軒げたまで途中継がず通った柱
管柱（くだばしら）：胴差しやはり等に中断され、継がれた柱
間柱（まばしら）：通し柱や管柱の間に建てられた小柱
はり：胴差しや土台等に支えられ、根太等の荷を支える横木
けた：柱等の上に渡して、たる木等を受ける横木

2　木造軸組壁工法（ツーバイフォー工法）

〈主な構造・名称〉

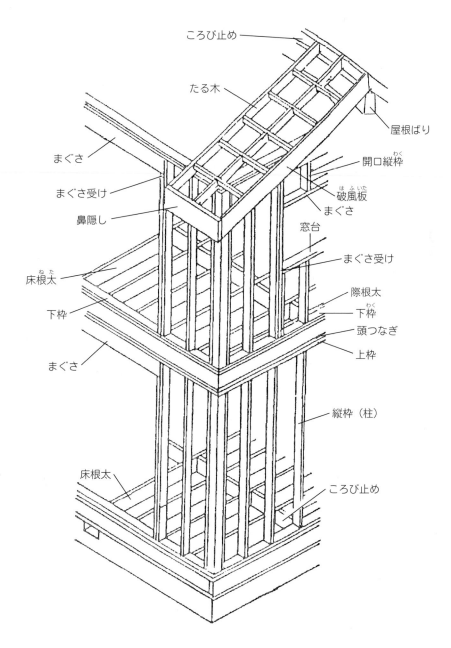

ころび止め

たる木

屋根ばり

まぐさ

開口縦枠（わく）

まぐさ受け

破風板（は　ふ　いた）

鼻隠し

まぐさ

窓台

まぐさ受け

床根太（ね　た）

際根太（き）

下枠

下枠（わく）

頭つなぎ

まぐさ

上枠

縦枠（柱）

床根太

ころび止め

際根太（きわねた）：壁や柱に接している根太

破風板（はふいた）：切り妻屋根の合掌部分の板

鼻隠し（はなかくし）：屋根のたる木の軒先部分を隠すための板

ころび止め：たる木や根太等が倒れないように止めるための木

頭つなぎ：上枠をつないでいる横木

台輪（だいわ）：すべての物の上、もしくは下にあり、柱等を支えたり、柱等を囲むようにある平らな
　　　　　木

3　木造建物構造別名称

〈窓〉

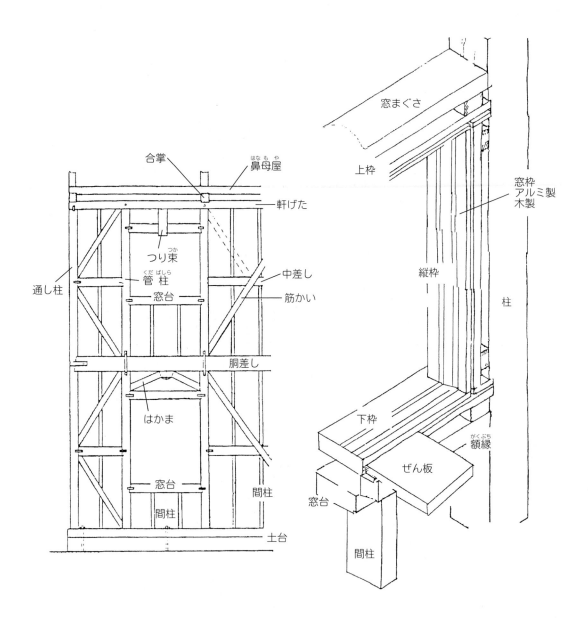

まぐさ：窓や出入り口などの上方にあり窓枠を支える横木
窓台（まどだい）：窓の下方にある窓枠やその下の横木
額縁（がくぶち）：窓枠のふちを飾る化粧木
鼻母屋（はなもや）：軒にもっとも近いところにある母屋
つり束（つりつか）：まぐさや鴨居などを吊るしている木
ぜん板：窓の下枠にある板

〈壁〉

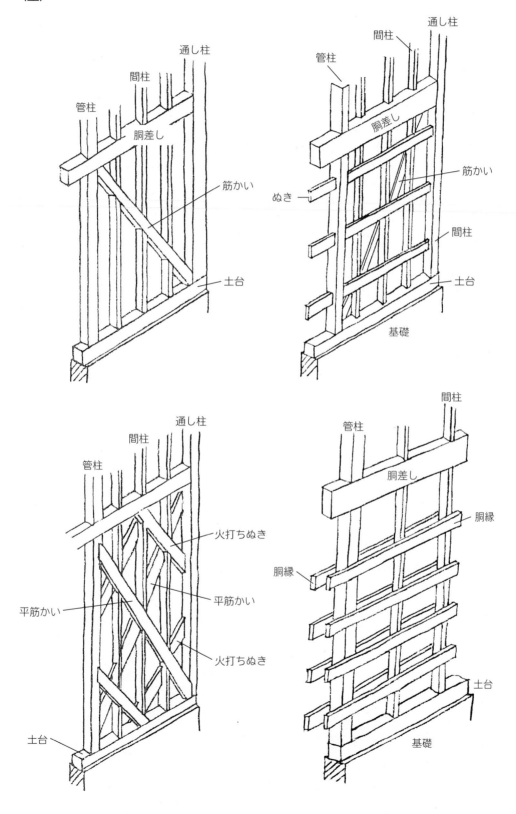

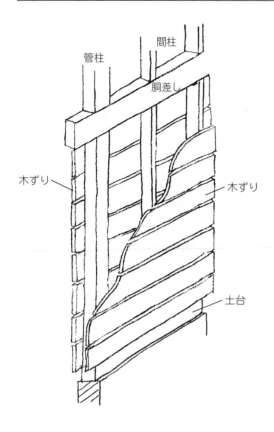

管柱
間柱
胴差し
木ずり
木ずり
土台

ぬき：柱などをぬいて通された横木

筋かい（すじかい）：柱から柱に斜めに取り付けられた木

火打ち土台（ひうちどだい）：土台と土台に斜めに取り付けられた木

胴縁（どうぶち）：壁材を取り付けるために、柱に横に取り付けられた幅の狭い木

木ずり：モルタル壁やしっくい壁を支持させるための幅の狭い木

〈屋　根〉

○切り妻屋根

二重ばり小屋

京ろ組み

折り置き組み

わらぶき小屋

与次郎組み

投掛けばり小屋

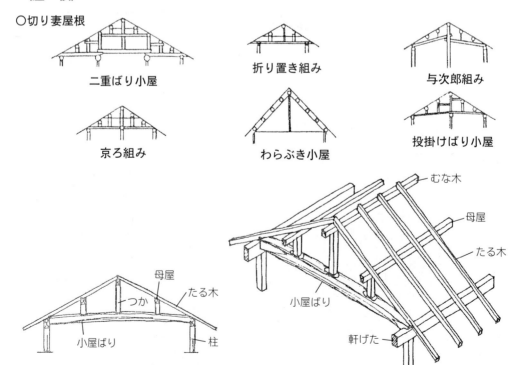

母屋
つか
たる木
小屋ばり
柱

むな木
母屋
たる木
小屋ばり
軒げた

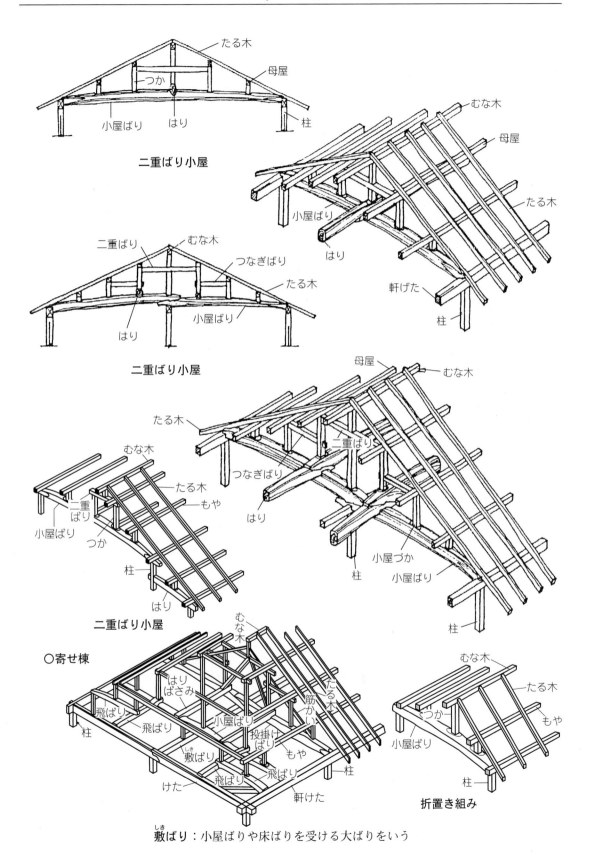

二重ばり小屋

二重ばり小屋

二重ばり小屋

○寄せ棟

折置き組み

敷ばり：小屋ばりや床ばりを受ける大ばりをいう

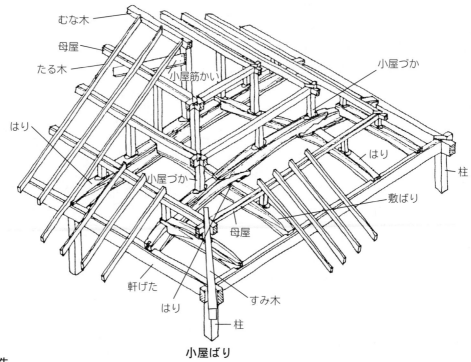

小屋ばり

○軒先

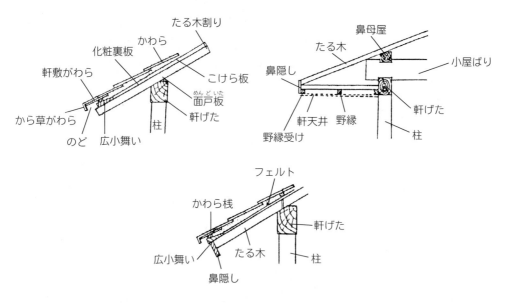

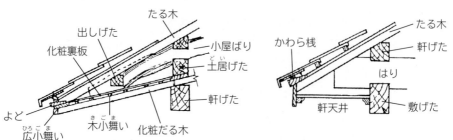

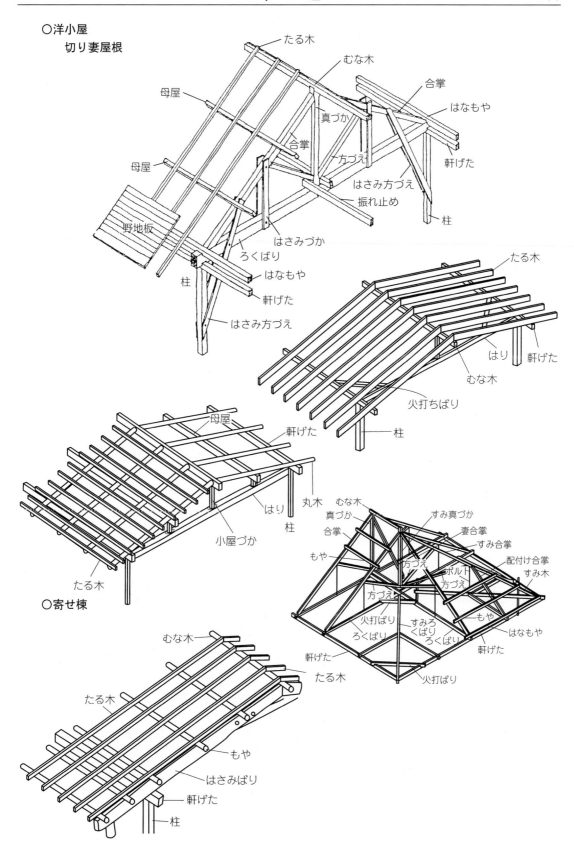

○洋小屋
切り妻屋根

たる木
むな木
合掌
はなもや
母屋
真づか
合掌
方づえ
軒げた
母屋
はさみ方づえ
振れ止め
柱
野地板
はさみづか
ろくばり
はなもや
柱
軒げた
はさみ方づえ

たる木
はり
軒げた
むな木
火打ちばり
柱

母屋
軒げた
たる木
はり
丸木
柱
小屋づか
たる木

○寄せ棟

むな木
真づか
すみ真づか
合掌
妻合掌
もや
すみ合掌
方づえ
配付け合掌
ボルト
すみ木
方づえ
方づえ
もや
火打ばり
すみろ
くばり
はなもや
ろくばり
ろくばり
軒げた
軒げた
火打ばり

むな木
たる木
たる木
もや
はさみばり
軒げた
柱

○腰折小屋

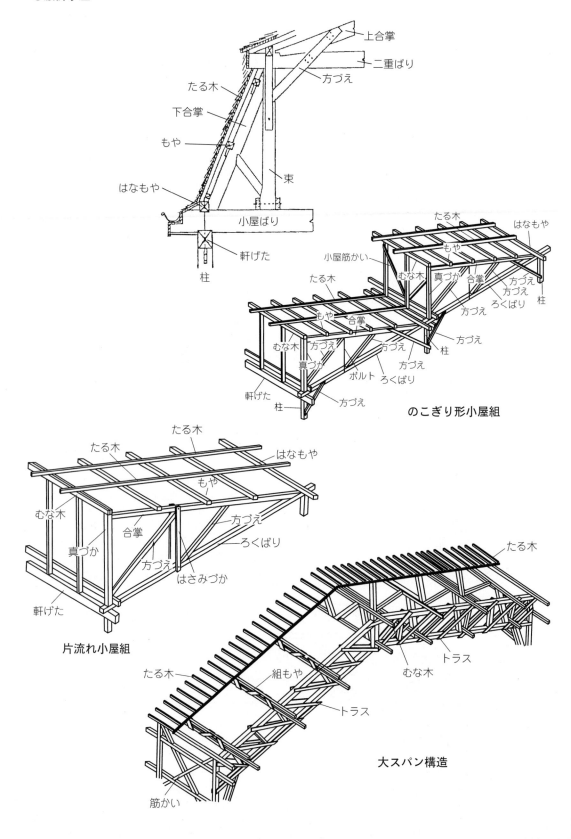

上合掌
二重ばり
方づえ
たる木
下合掌
もや
はなもや
束
小屋ばり
軒げた
柱

のこぎり形小屋組

たる木
はなもや
もや
小屋筋かい
たる木
むな木
真づか
合掌
方づえ
方づえ
ろくばり
柱
もや
合掌
方づえ
むな木
方づえ
真づか
方づえ
柱
ボルト
ろくばり
軒げた
柱
方づえ

片流れ小屋組

たる木
たる木
はなもや
もや
むな木
方づえ
合掌
ろくばり
真づか
方づえ
はさみづか
軒げた

大スパン構造

たる木
たる木
トラス
むな木
たる木
組もや
トラス
筋かい

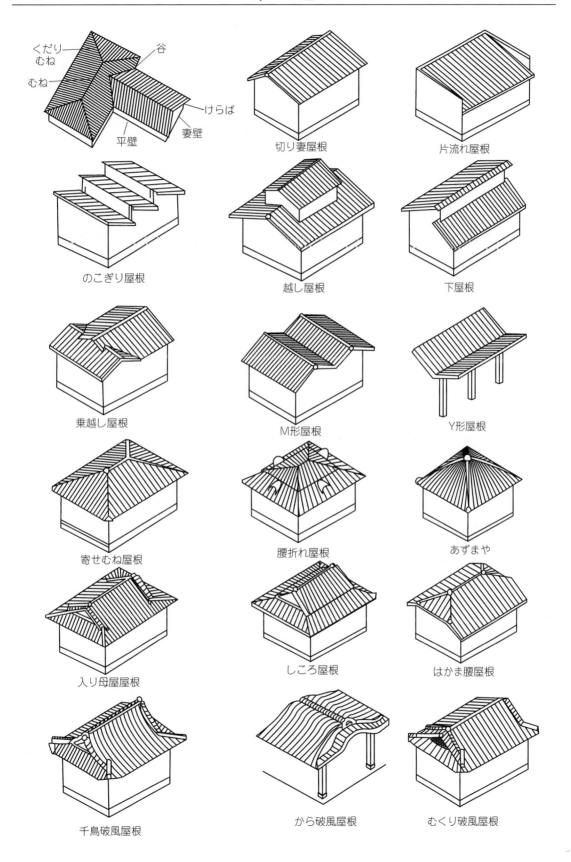

くだり
むね

むね

谷

けらば

妻壁

平壁

切り妻屋根

片流れ屋根

のこぎり屋根

越し屋根

下屋根

乗越し屋根

M形屋根

Y形屋根

寄せむね屋根

腰折れ屋根

あずまや

入り母屋屋根

しころ屋根

はかま腰屋根

千鳥破風屋根

から破風屋根

むくり破風屋根

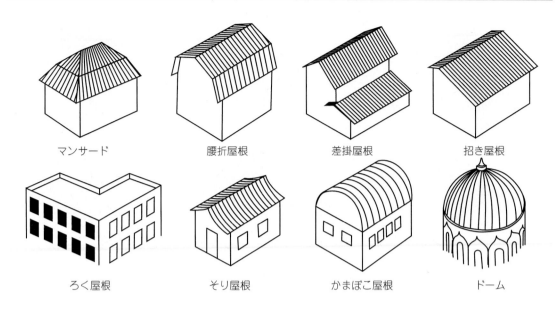

マンサード　　　腰折屋根　　　差掛屋根　　　招き屋根

ろく屋根　　　そり屋根　　　かまぼこ屋根　　　ドーム

○屋根ぶき

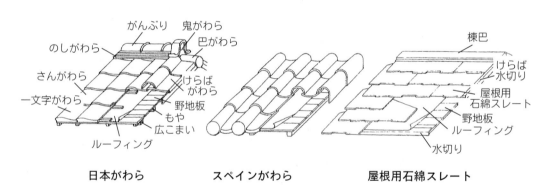

がんぶり　鬼がわら　巴がわら
のしがわら
さんがわら
一文字がわら
けらば
がわら
野地板
もや
広こまい
ルーフィング

日本がわら

スペインがわら

棟巴
けらば
水切り
屋根用
石綿スレート
野地板
ルーフィング
水切り

屋根用石綿スレート

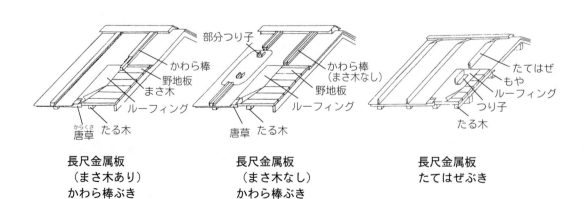

部分つり子
かわら棒
野地板
まさ木
ルーフィング
唐草　たる木

かわら棒
（まさ木なし）
野地板
ルーフィング
唐草　たる木

たてはぜ
もや
ルーフィング
つり子
たる木

長尺金属板
（まさ木あり）
かわら棒ぶき

長尺金属板
（まさ木なし）
かわら棒ぶき

長尺金属板
たてはぜぶき

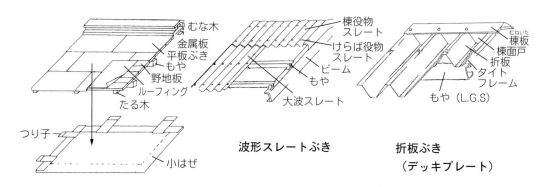

むな木
金属板
平板ぶき
もや
野地板
ルーフィング
たる木
つり子
小はぜ

金属板平板ぶき

棟役物
スレート
けらば役物
スレート
ビーム
もや
大波スレート

波形スレートぶき

棟板（むねいた）
棟板
棟面戸
折板
タイト
フレーム
もや（L.G.S）

折板ぶき
（デッキプレート）

棟板（むねいた）：金属板ぶき等のむねの下地
役物（やくもの）：かわらやタイル類の形の変わっている物
むね：屋根の最高に高い所

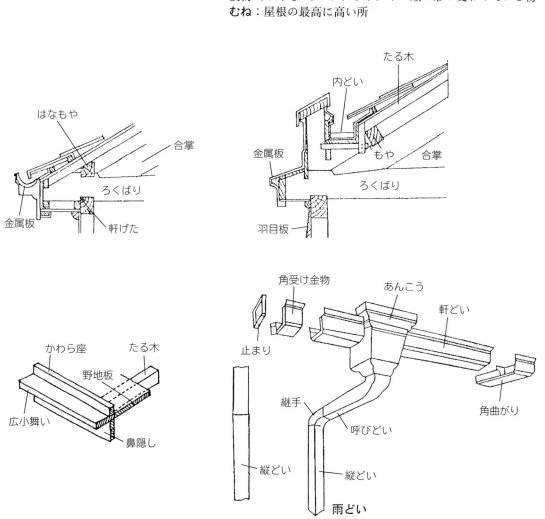

はなもや
合掌
ろくばり
金属板
軒げた

たる木
内どい
金属板
もや
合掌
ろくばり
羽目板

かわら座
たる木
野地板
広小舞い
鼻隠し

角受け金物
あんこう
軒どい
止まり
継手
角曲がり
呼びどい
縦どい
縦どい

雨どい

〈主な構造・名称〉

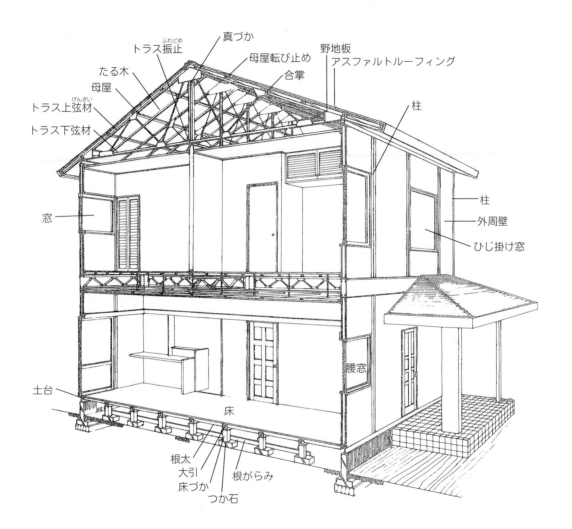

トラス振止（ふれどめ）
真づか
たる木
母屋転び止め
母屋
合掌
トラス上弦材（げんざい）
野地板
アスファルトルーフィング
トラス下弦材
柱
窓
柱
外周壁
ひじ掛け窓
腰窓
土台
床
根太
大引
根がらみ
床づか
つか石

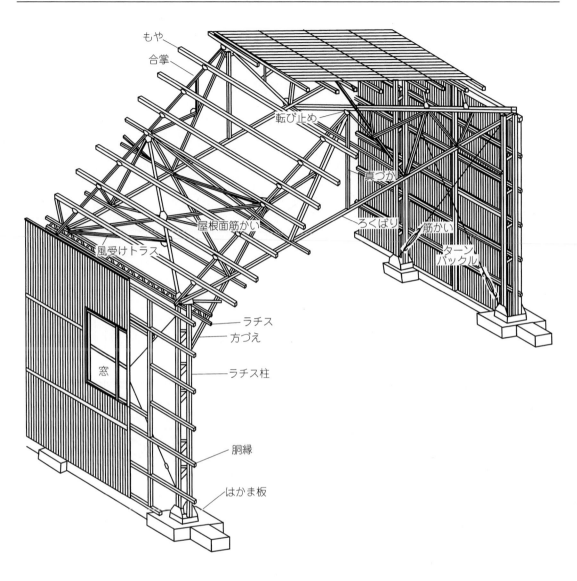

もや
合掌
転び止め
真づか
屋根面筋かい
ろくばり
筋かい
ターン
バックル
風受けトラス
ラチス
方づえ
ラチス柱
窓
胴縁
はかま板

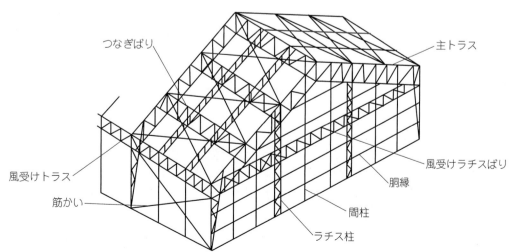

つなぎばり
主トラス
風受けトラス
風受けラチスばり
胴縁
筋かい
間柱
ラチス柱

〈鉄骨名〉

単一柱

つづり合わせ柱

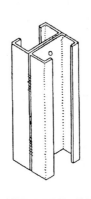

組立て柱

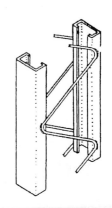

鉄筋

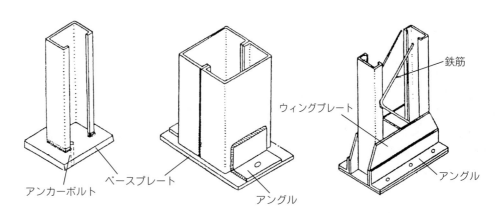

アンカーボルト　ベースプレート　アングル　ウィングプレート　アングル

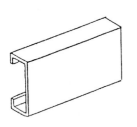

単一ばり

つづり合わせばり

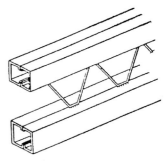

組立ばり

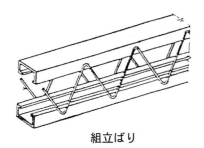

組立ばり

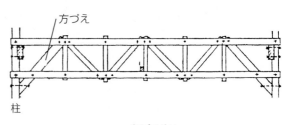

方づえ

柱

組立ばり

　準耐火建築物とは、耐火建築物以外の建築物で、イ又はロのいずれかに該当し、外壁の開口部で延焼のおそれのある部分に遮炎性能を有する防火設備を有するものをいう。

イ　主要構造部を準耐火構造としたもの。

ロ　イに掲げる建築物以外の建築物であって、イに掲げるものと同等の準耐火性能を有するものとして主要構造部の防火の措置その他の事項について建築基準法施行令第109条の3で定める技術的準備に適合するもの。

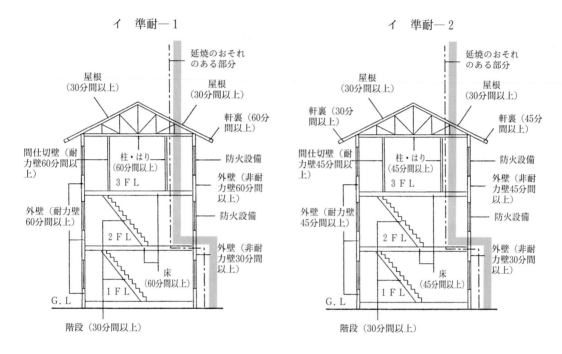

○構造の概要

建築物の部分		種　別		イ準耐—1	イ準耐—2
壁	間仕切壁	耐力壁		60分	45分
	外　壁	耐力壁		60分	45分
		非耐力壁	延焼部分	60分	45分
			延焼外部分	30分	
柱				60分	45分
は　り				60分	45分
床				60分	45分
屋　根				30分	
階　段				30分	
軒裏	延焼部分			60分	45分
	延焼外部分			—	30分
延焼のおそれのある開口部				防火設備（防火戸その他）	

ロ　準耐—1　　　　　　　　　　　　　　　ロ　準耐—2

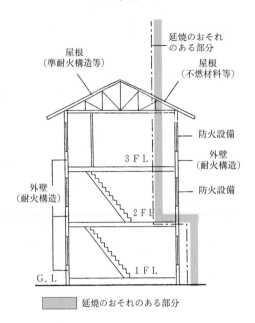

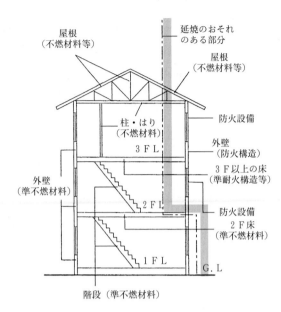

■ 延焼のおそれのある部分

階段（準不燃材料）

○構造の概要

建築物の部分 ＼ 種別			ロ準耐—1	ロ準耐—2
柱			—	不燃材料
は　り			—	不燃材料
壁			—	不燃材料及び準不燃材料
壁	外壁	延焼部分	耐火構造	耐火構造・準耐火構造又は防火構造
		延焼外部分		不燃材料及び準不燃材料
	間仕切壁		—	不燃材料及び準不燃材料
床	3階以上の床		—	準耐火構造又は平成12年建設省告示第1368号に適合する構造
	その他（最下階を除く）		—	不燃材料及び準不燃材料
屋 根	延焼部分		・不燃材料で造るか、ふく ・準耐火構造（屋外面は準不燃材料） ・耐火構造（屋外面に断熱材及び防水材を張ったもので屋外面を準不燃材料で造り、勾配30度以内のもの）	
	延焼外部分		準耐火構造又は平成12年建設省告示第1367号に適合する構造	
階　段			—	不燃材料及び準不燃材料
延焼のおそれのある開口部			防火設備（防火戸その他）	

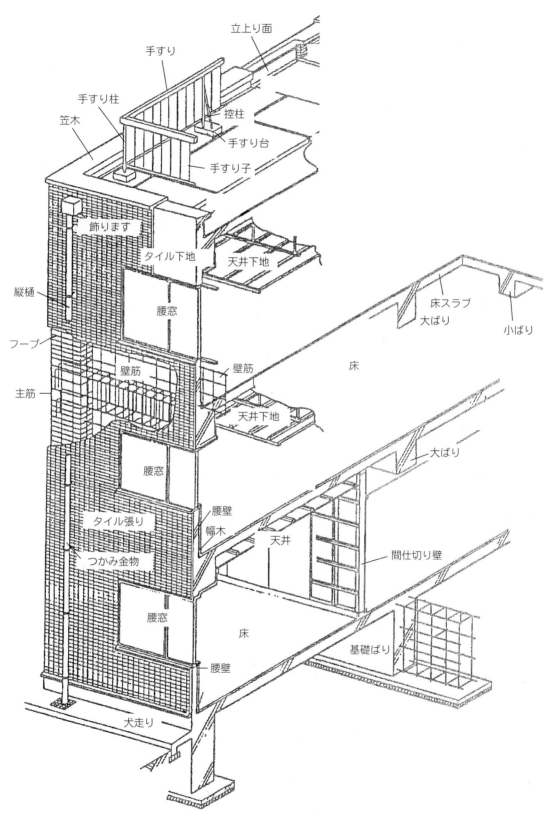

立上り面
手すり
手すり柱
笠木
控柱
手すり台
手すり子
飾ります
タイル下地
天井下地
縦樋
腰窓
床スラブ
大ばり
小ばり
フープ
壁筋
壁筋
床
主筋
天井下地
大ばり
腰窓
腰壁
タイル張り
幅木
天井
つかみ金物
間仕切り壁
腰窓
床
基礎ばり
腰壁
犬走り

RC造

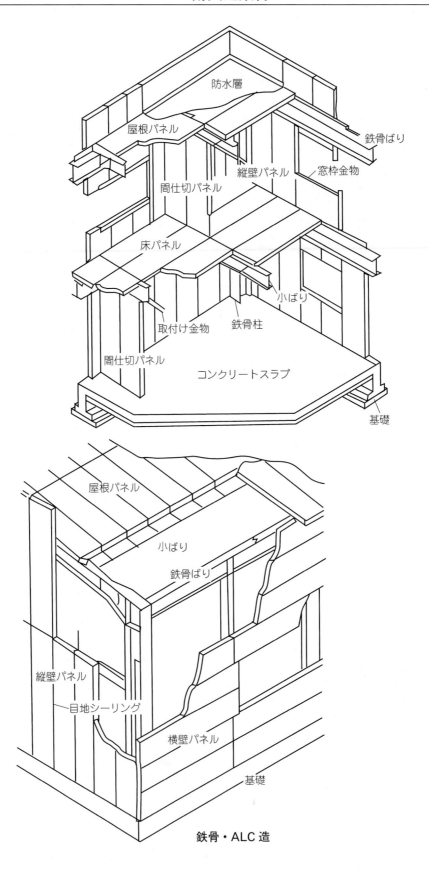

防水層

屋根パネル

鉄骨ばり

縦壁パネル

窓枠金物

間仕切パネル

床パネル

小ばり

取付け金物

鉄骨柱

間仕切パネル

コンクリートスラブ

基礎

屋根パネル

小ばり

鉄骨ばり

縦壁パネル

目地シーリング

横壁パネル

基礎

鉄骨・ALC造

1　室内の各部名称

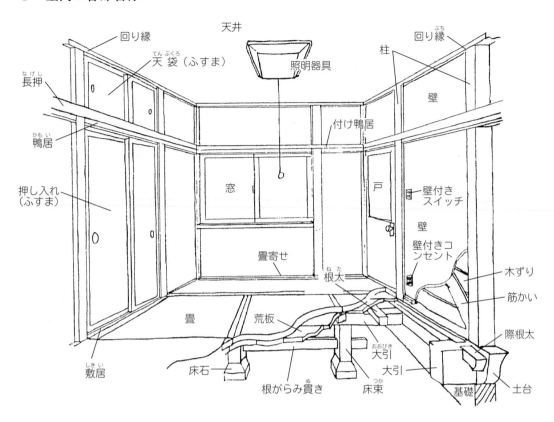

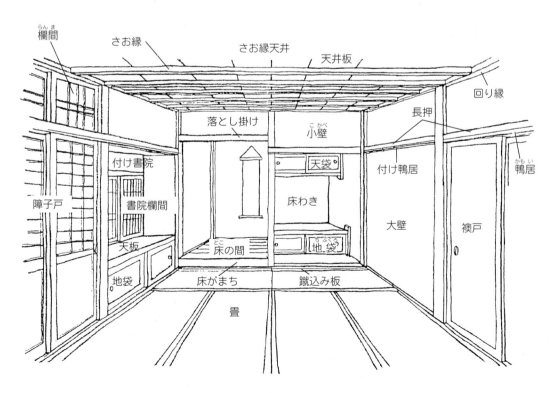

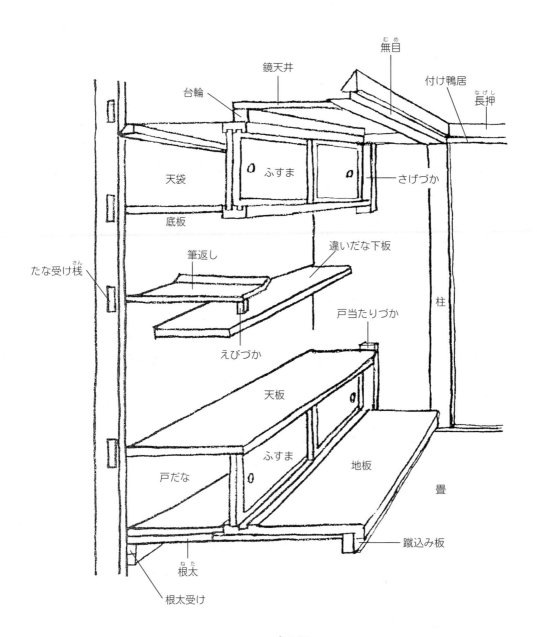

床の間

2　天　井

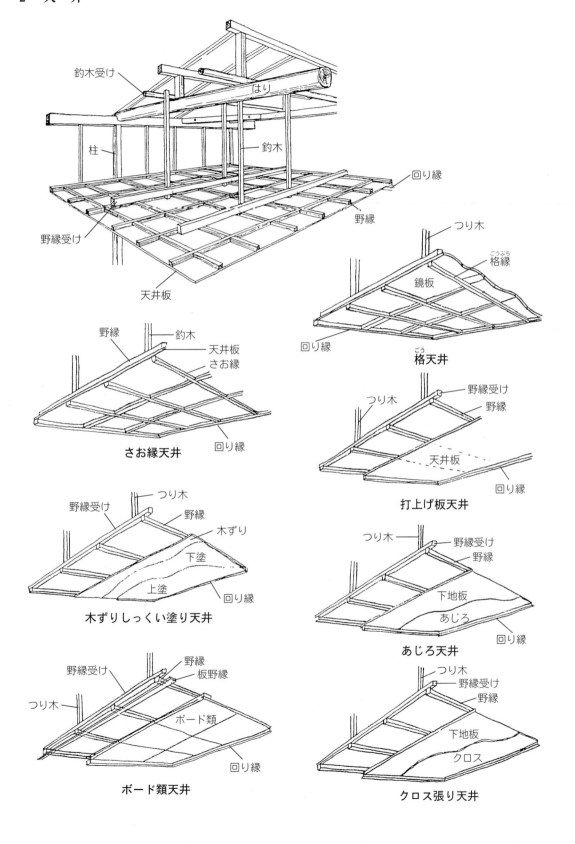

釣木受け

はり

柱

釣木

回り縁

野縁

野縁受け

天井板

つり木

ごうぶち
格縁

鏡板

回り縁

格天井

野縁

釣木

天井板

さお縁

回り縁

さお縁天井

つり木

野縁受け

野縁

天井板

回り縁

打上げ板天井

つり木

野縁受け

野縁

木ずり

下塗

上塗

回り縁

木ずりしっくい塗り天井

つり木

野縁受け

野縁

下地板

あじろ

回り縁

あじろ天井

野縁受け

野縁

板野縁

つり木

ボード類

回り縁

ボード類天井

つり木

野縁受け

野縁

下地板

クロス

クロス張り天井

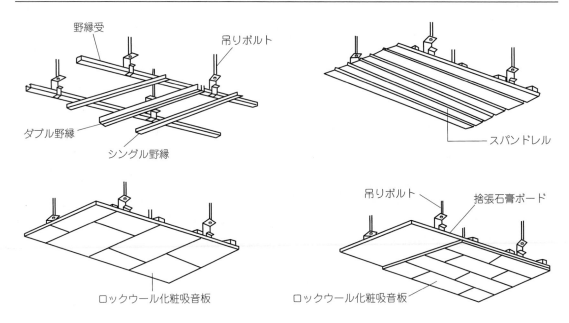

野縁受

吊りボルト

ダブル野縁

シングル野縁

スパンドレル

ロックウール化粧吸音板

吊りボルト

捨張石膏ボード

ロックウール化粧吸音板

3　床

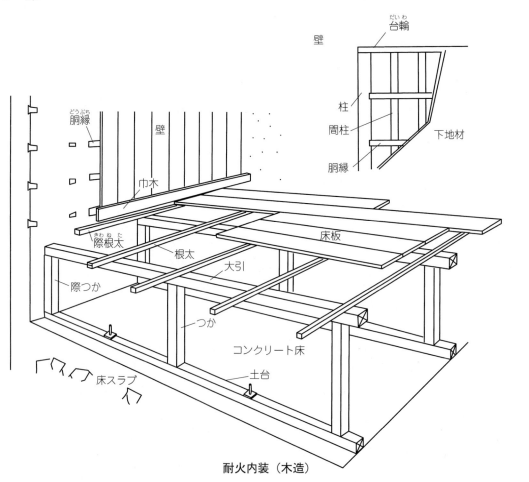

台輪 (だいわ)

壁

柱

間柱

下地材

胴縁

胴縁 (どうぶち)

壁

巾木

際根太 (きわねた)

根太

床板

大引

際つか

つか

コンクリート床

床スラブ

土台

耐火内装（木造）

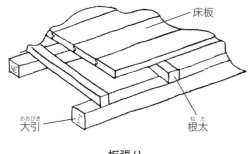

板張り

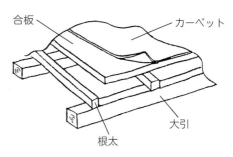

カーペット張り

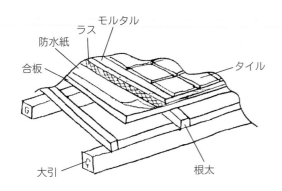

タイル張り

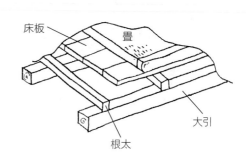

畳敷き

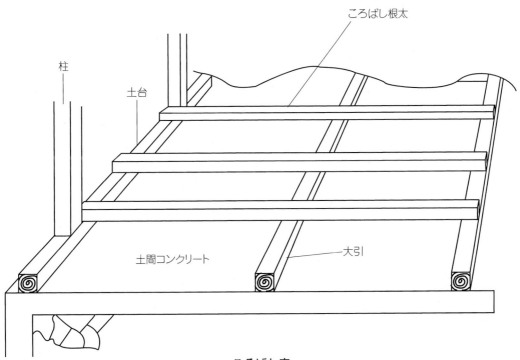

ころばし床

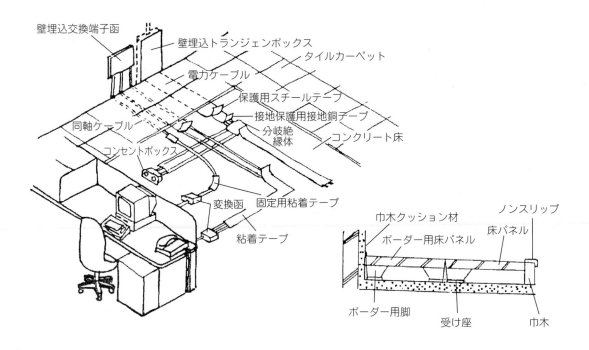

壁埋込交換端子函
壁埋込トランジェンボックス
タイルカーペット
電力ケーブル
保護用スチールテープ
接地保護用接地銅テープ
同軸ケーブル
分岐絶縁体
コンクリート床
コンセントボックス
変換函
固定用粘着テープ
粘着テープ

巾木クッション材
ノンスリップ
ボーダー用床パネル
床パネル
ボーダー用脚
受け座
巾木

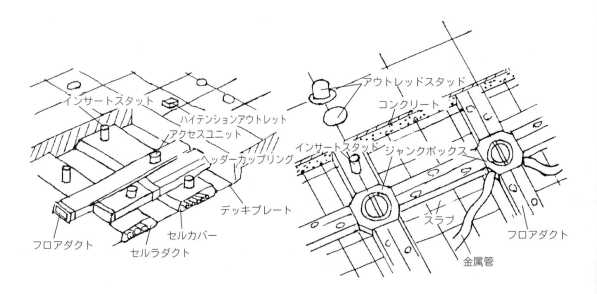

インサートスタット
ハイテンションアウトレット
アクセスユニット
ヘッダーカップリング
デッキプレート
フロアダクト
セルカバー
セルラダクト

アウトレッドスタッド
コンクリート
インサートスタッド
ジャンクボックス
スラブ
フロアダクト
金属管

4　壁

スライド式移動間仕切

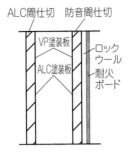

ALC間仕切　防音間仕切

VP塗装板
ALC塗装板
ロック
ウール
耐火
ボード

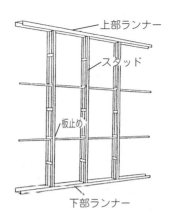

上部ランナー
スタッド
板止め
下部ランナー

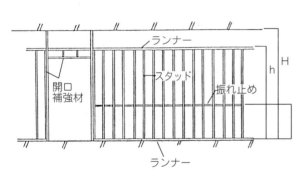

ランナー
スタッド
振れ止め
開口
補強材
ランナー
H
h

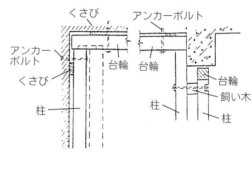

くさび　アンカーボルト
アンカー
ボルト
くさび
柱
台輪
台輪
台輪
飼い木
柱
柱

内壁（耐火造）

　く　さ　び：二つの材の接合を密着させるために差し込む木片
　飼　い　木：二つの材の間にあいたすき間に、てん充するために使用する木片
耐火の内壁：柱に胴縁を打ちつけボードを張り仕上げる。

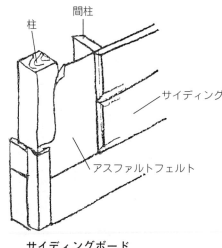

柱
間柱
サイディング
アスファルトフェルト

サイディングボード

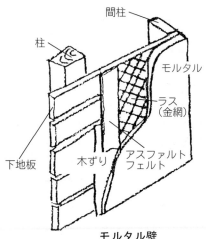

間柱
柱
モルタル
ラス
（金網）
下地板
木ずり
アスファルト
フェルト

モルタル壁

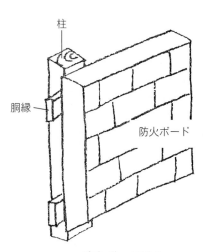

柱
胴縁
防火ボード

防火ボード張り

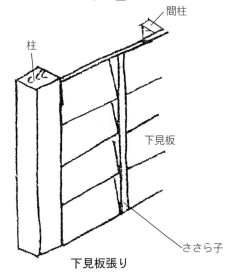

間柱
柱
下見板
ささら子

下見板張り

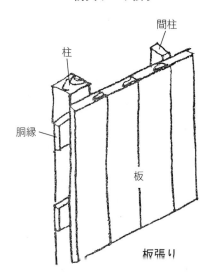

間柱
柱
胴縁
板

板張り

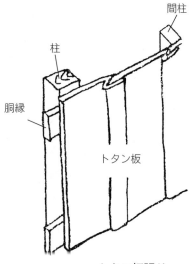

間柱
柱
胴縁
トタン板

トタン板張り

外壁（木造）

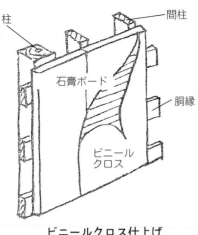

柱　間柱　石膏ボード　胴縁　ビニールクロス

ビニールクロス仕上げ

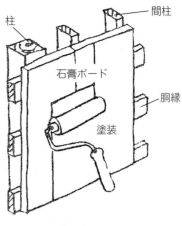

柱　間柱　石膏ボード　胴縁　塗装

塗装仕上げ

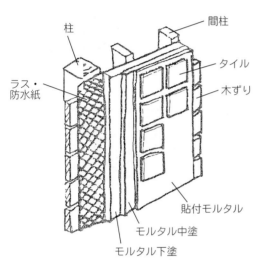

柱　間柱　タイル　木ずり　ラス・防水紙　貼付モルタル　モルタル中塗　モルタル下塗

タイル貼付仕上げ

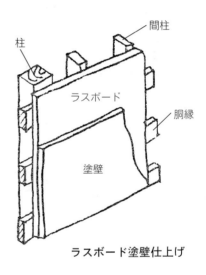

柱　間柱　ラスボード　胴縁　塗壁

ラスボード塗壁仕上げ

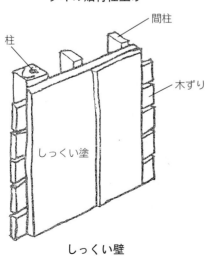

柱　間柱　木ずり　しっくい塗

しっくい壁

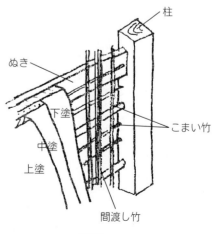

柱　ぬき　下塗　中塗　上塗　こまい竹　間渡し竹

真壁

内壁

5　階　段

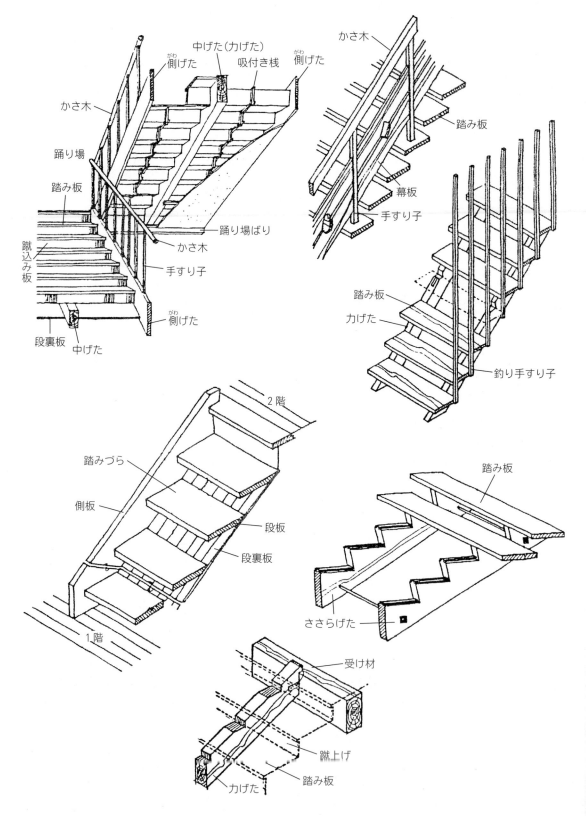

側げた
中げた（力げた）
吸付き桟
側げた
かさ木
かさ木
踊り場
踏み板
踊り場ばり
かさ木
蹴込み板
手すり子
側げた
段裏板
中げた

かさ木
踏み板
幕板
手すり子

踏み板
力げた
釣り手すり子

2階
踏みづら
側板
段板
段裏板
1階

踏み板
ささらげた

受け材
蹴上げ
踏み板
力げた

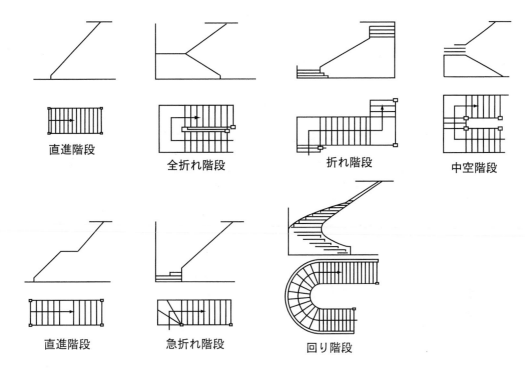

直進階段

全折れ階段

折れ階段

中空階段

直進階段

急折れ階段

回り階段

6　建具等

〈戸〉

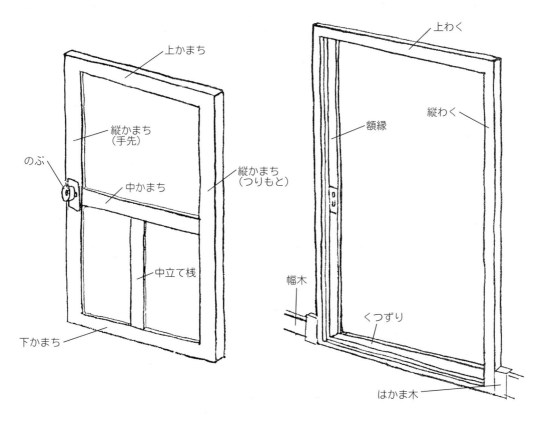

上かまち

縦かまち
（手先）

のぶ

中かまち

縦かまち
（つりもと）

中立て桟

下かまち

上わく

縦わく

額縁

幅木

くつずり

はかま木

○戸・扉（略図）

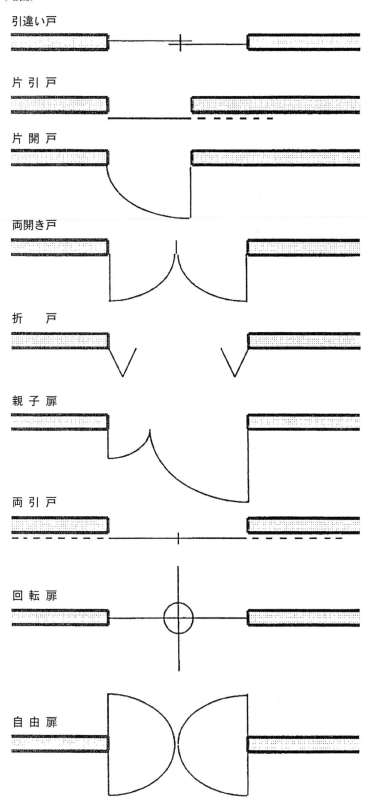

引違い戸

片 引 戸

片 開 戸

両開き戸

折　　戸

親 子 扉

両 引 戸

回 転 扉

自 由 扉

〈窓〉

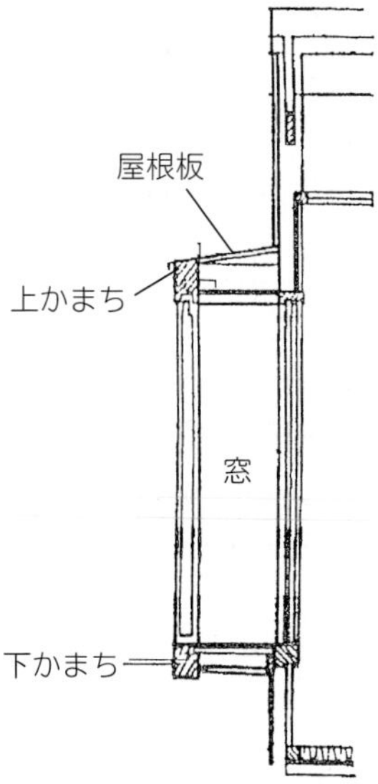

屋根板

上かまち

窓

下かまち

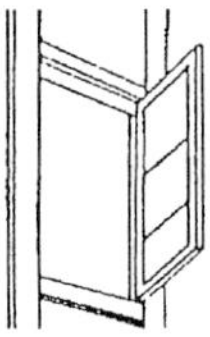

片開き窓

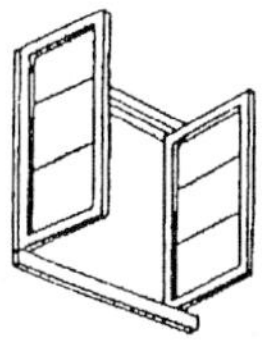

両開き窓

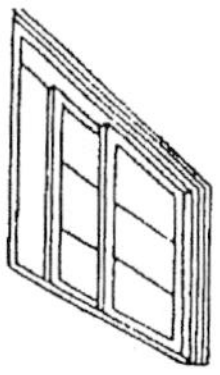

引違い窓

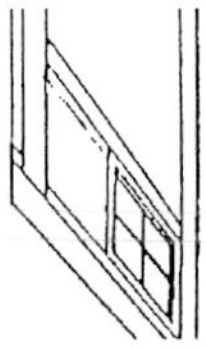

片引き窓

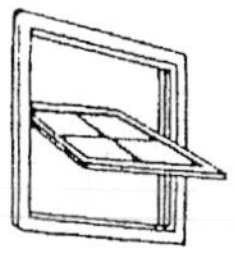

回転窓

軸回し窓

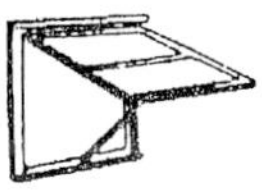

突上げ窓

内倒し窓

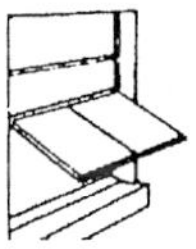

すべり出し窓

上げ下げ窓

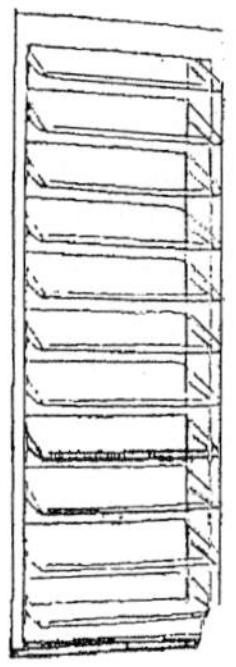

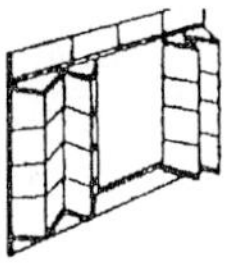

折りたたみ窓

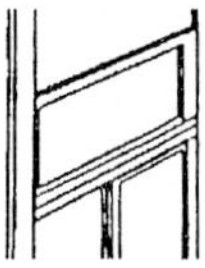

はめ殺し窓

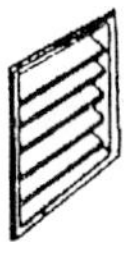

がらり窓

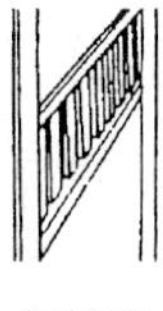

無双窓

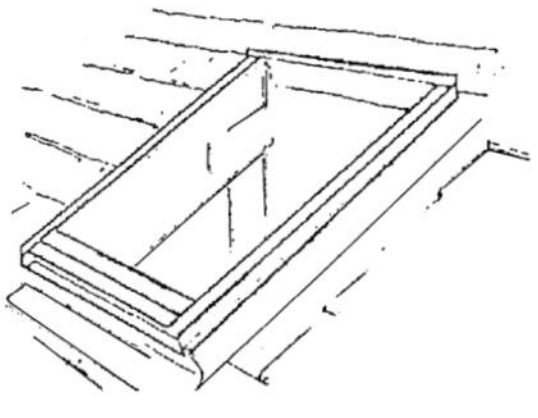

ルーバー窓（ジャロジー）

トップライト（天窓）

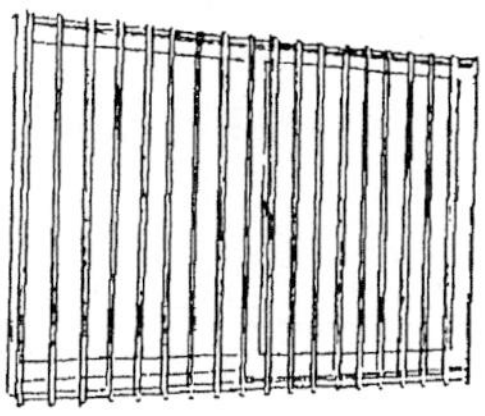

格子

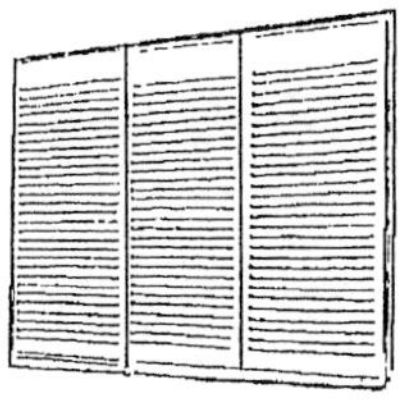

雨戸

窓の高さによる名称

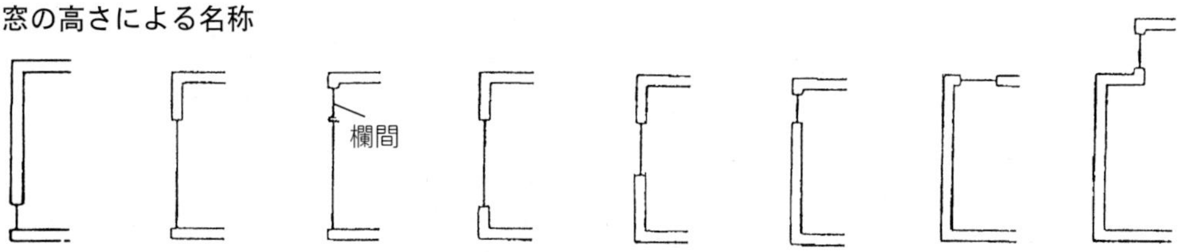

欄間

掃き出し窓

テラス戸

テラス戸

ひじ掛窓

腰窓

高窓

天窓

頂側窓

〈戸板・戸袋〉

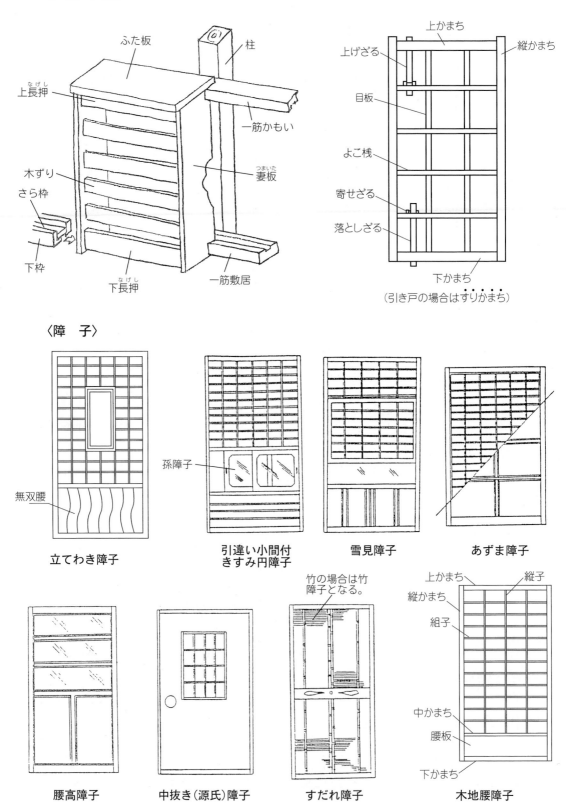

ふた板

柱

上長押（なげし）

一筋かもい

木ずり

妻板（つまいた）

さら枠

下枠

下長押（なげし）

一筋敷居

上かまち

上げざる

縦かまち

目板

よこ桟

寄せざる

落としざる

下かまち
（引き戸の場合はすりかまち）

〈障　子〉

無双腰

立てわき障子

孫障子

引違い小間付
きすみ円障子

雪見障子

あずま障子

竹の場合は竹
障子となる。

腰高障子

中抜き（源氏）障子

すだれ障子

上かまち

縦かまち

縦子

組子

中かまち

腰板

下かまち

木地腰障子

〈押入れ・襖〉

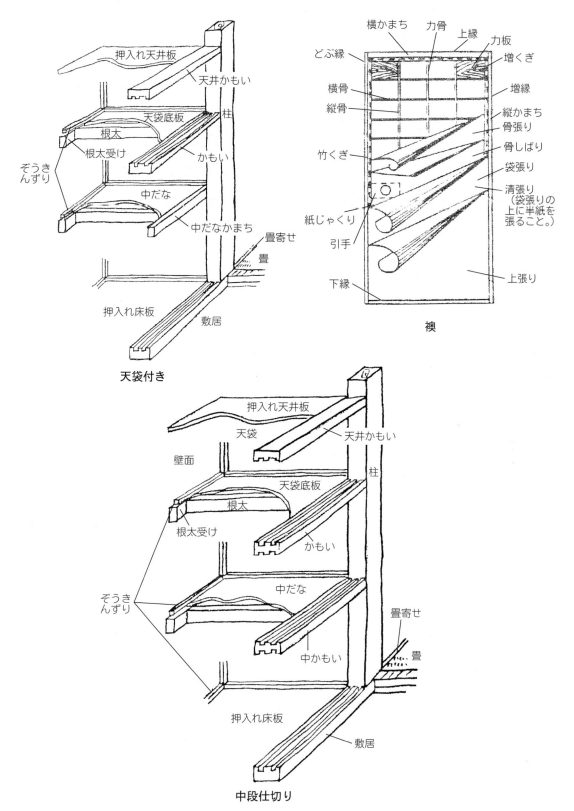

天袋付き

押入れ天井板
天井かもい
天袋底板
柱
根太
根太受け
かもい
ぞうきんずり
中だな
中だなかまち
畳寄せ
畳
押入れ床板
敷居

横かまち
力骨
上縁
力板
どぶ縁
増くぎ
横骨
増縁
縦骨
縦かまち
骨張り
竹くぎ
骨しばり
袋張り
清張り
（袋張りの上に半紙を張ること。）
紙じゃくり
引手
下縁
上張り

襖

中段仕切り

押入れ天井板
天袋
天井かもい
壁面
天袋底板
柱
根太
根太受け
かもい
ぞうきんずり
中だな
中かもい
畳寄せ
畳
押入れ床板
敷居

〈シャッター〉

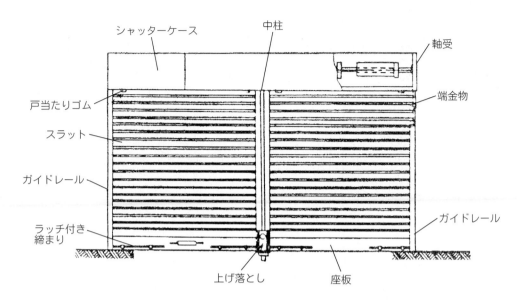

軽量シャッター

7　附帯設備

〈バルコニー・テラス〉

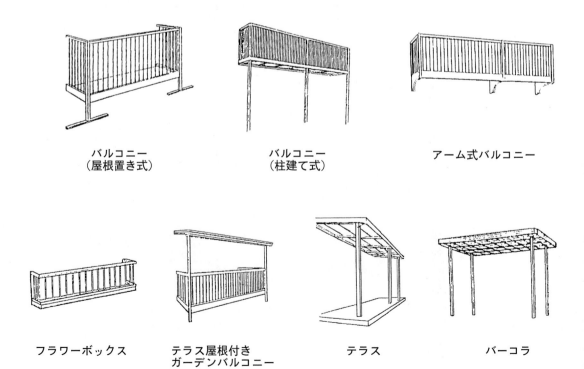

バルコニー
（屋根置き式）　　　　　　バルコニー
（柱建て式）　　　　　　アーム式バルコニー

フラワーボックス　　　　テラス屋根付き
ガーデンバルコニー　　　　テラス　　　　　　バーコラ

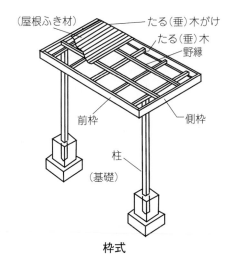

枠式

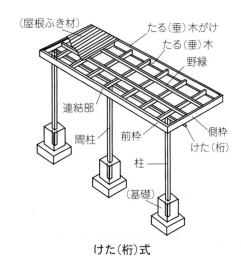

けた(桁)式

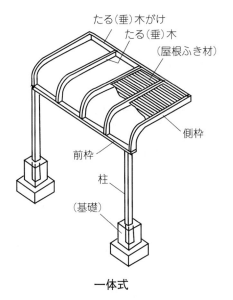

一体式

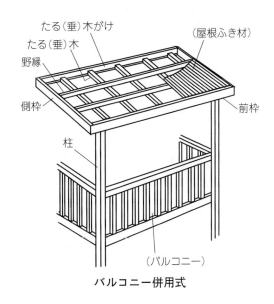

バルコニー併用式

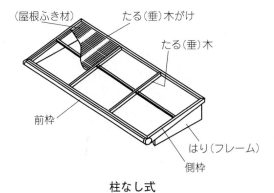

柱なし式

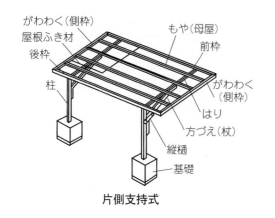

がわわく（側枠）
屋根ふき材
後枠
柱
もや（母屋）
前枠
がわわく（側枠）
はり
方づえ（杖）
縦樋
基礎

片側支持式

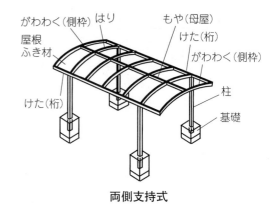

がわわく（側枠）　はり
屋根ふき材
けた（桁）
もや（母屋）
けた（桁）
がわわく（側枠）
柱
基礎

両側支持式

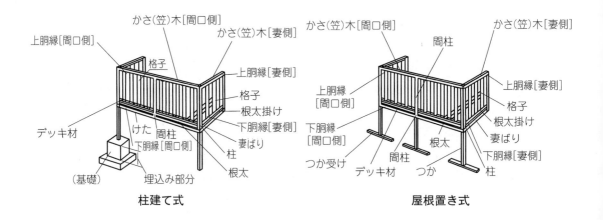

かさ（笠）木［間口側］
上胴縁［間口側］
格子
かさ（笠）木［妻側］
上胴縁［妻側］
格子
根太掛け
下胴縁［妻側］
妻ばり
柱
根太
間柱
下胴縁［間口側］
けた
デッキ材
（基礎）
埋込み部分

柱建て式

かさ（笠）木［間口側］
間柱
かさ（笠）木［妻側］
上胴縁
［間口側］
上胴縁［妻側］
格子
根太掛け
妻ばり
下胴縁［妻側］
柱
根太
つか
間柱
デッキ材
つか受け

屋根置き式

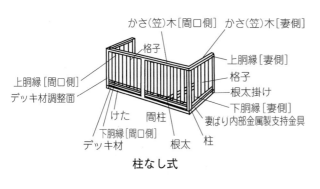

かさ（笠）木［間口側］　かさ（笠）木［妻側］
格子
上胴縁［間口側］
デッキ材調整面
けた
間柱
下胴縁［間口側］
デッキ材
根太
柱
上胴縁［妻側］
格子
根太掛け
下胴縁［妻側］
妻ばり内部金属製支持金具

柱なし式

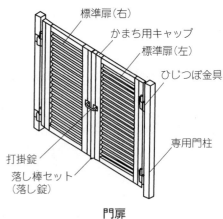

標準扉（右）
かまち用キャップ
標準扉（左）
ひじつぼ金具
専用門柱
打掛錠
落し棒セット
（落し錠）

門扉

〈温室・サンルーム〉

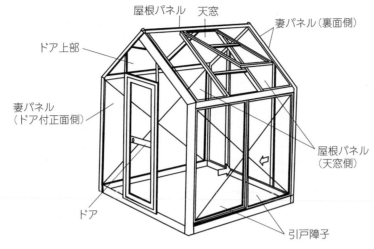

屋根パネル　天窓
妻パネル（裏面側）
ドア上部
妻パネル
（ドア付正面側）
屋根パネル
（天窓側）
ドア
引戸障子

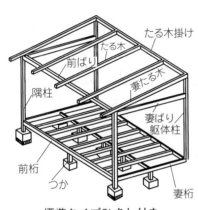

たる木掛け
たる木
前ばり
隅柱
妻たる木
妻ばり
躯体柱
前桁
つか
妻桁

標準タイプひさし付き

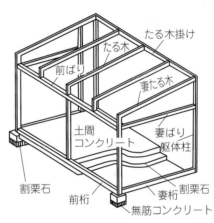

たる木掛け
たる木
前ばり
妻たる木
土間
コンクリート
妻ばり
躯体柱
割栗石
前桁
妻桁　割栗石
無筋コンクリート

土間タイプ垂木ジョイント形

〈てすり〉

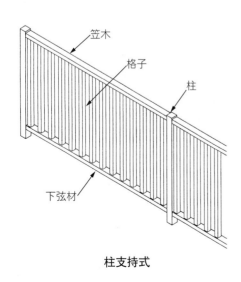

笠木
格子
柱
下弦材

柱支持式

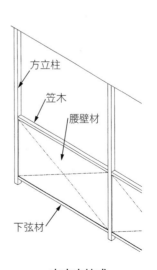

方立柱
笠木
腰壁材
下弦材

方立支持式

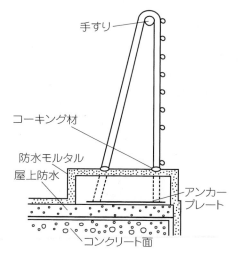

屋上手すり

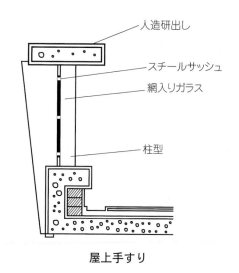

屋上手すり

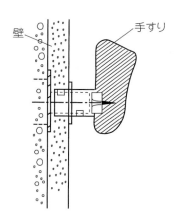

壁付き手すり

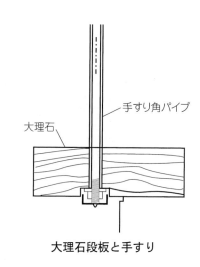

大理石段板と手すり

〈カーポート〉

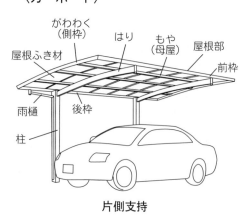

片側支持

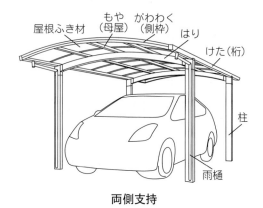

両側支持

1　仮囲い・仮設倉庫・事務所

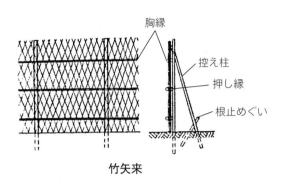

竹矢来

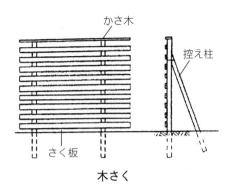

木さく

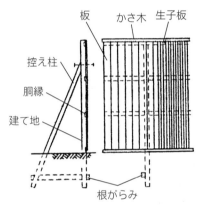

板囲い（板べい）、生子べい

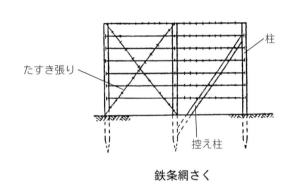

鉄条網さく

仮設倉庫

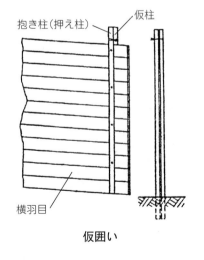

仮囲い

板のはぎかた

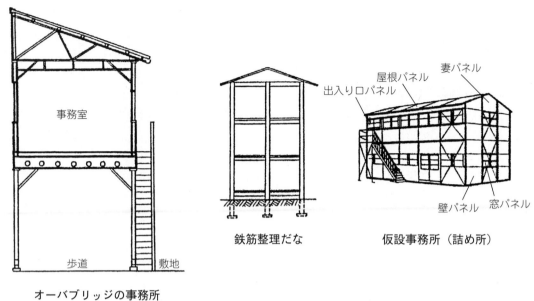

事務室

歩道　　　敷地

オーバブリッジの事務所

鉄筋整理だな

妻パネル
屋根パネル
出入り口パネル
壁パネル　　窓パネル

仮設事務所（詰め所）

2　足　場

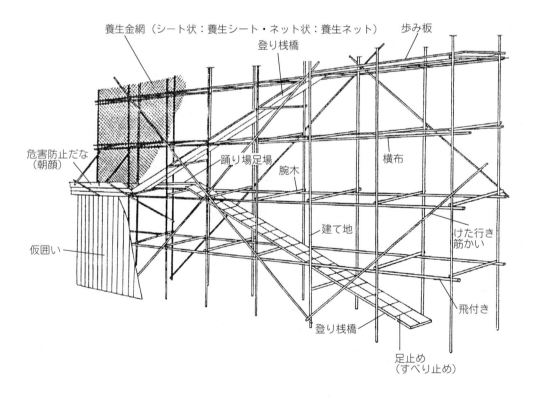

養生金網（シート状：養生シート・ネット状：養生ネット）
登り桟橋
歩み板
危害防止だな
（朝顔）
踊り場足場
腕木
横布
仮囲い
建て地
けた行き
筋かい
飛付き
登り桟橋
足止め
（すべり止め）

パイプ足場（足代）

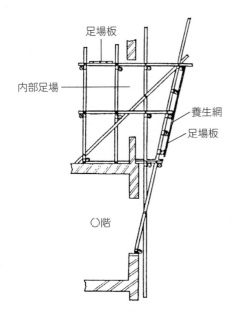

はね出し足場（持出し足場）

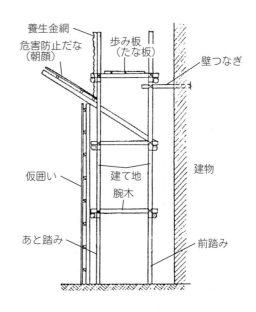

本足場（二側足場）

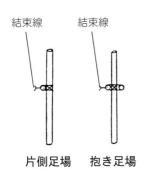

片側足場　抱き足場

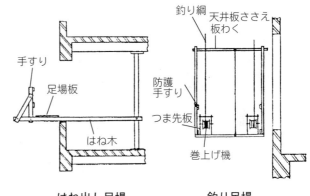

はね出し足場　　　釣り足場

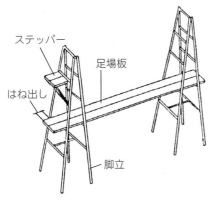

脚立足場

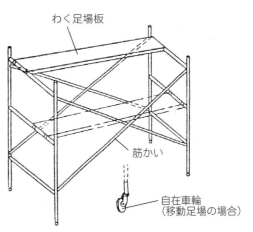

わく足場

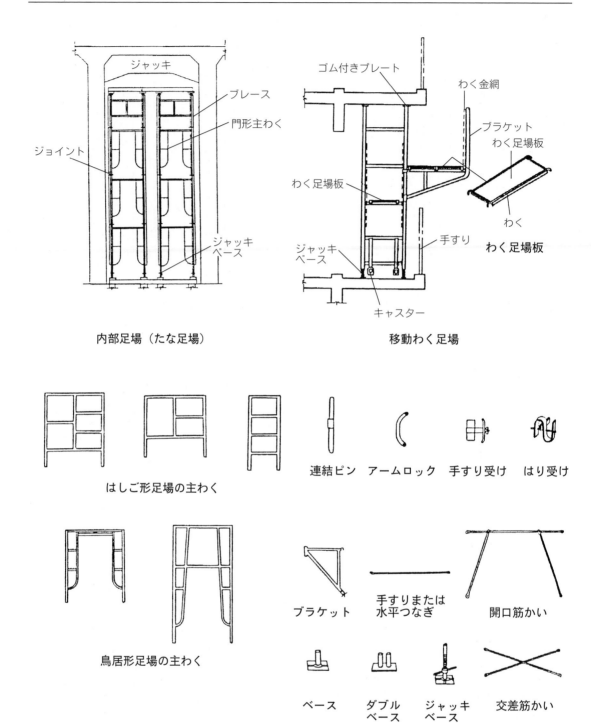

内部足場（たな足場）

移動わく足場

わく足場板

はしご形足場の主わく

連結ピン　アームロック　手すり受け　はり受け

鳥居形足場の主わく

ブラケット　　手すりまたは　　開口筋かい
　　　　　　　水平つなぎ

ベース　　　ダブル　　　ジャッキ　　交差筋かい
　　　　　ベース　　　ベース

鋼製足場の各部

設　　備

1　錠

〈錠の分類〉

- 戸の種類
  - 開き戸用錠：開き戸に取り付ける錠で、デッドボルト（本締）又はラッチボルト（空錠）を受座（受け金具）に差し込む方式が多い。簡易に「掛け金」を使用することもある。
  - 引き戸用錠：引き戸に取り付ける錠で、受座にカギ金具を引っ掛ける方式が多い。
- 締まりの種類
  - 本締錠（ほんじまりじょう）：鍵を使用してデッドボルトなどを解錠・施錠する錠をいう。文字合わせ錠、鍵を使う「鎌錠」なども本締錠である。
  - 空錠（そらじょう）：風などで戸が開かないようにするための、ラッツボルトなどによる仮締機構があるだけで、施錠装置のない錠をいう。
  - 本締錠と空錠の組み合わせ：出入口の戸はこの方式が多い。
  - 内締錠：窓など、内部からカギを掛ければよい場所の錠をいう。
  - 外締錠：出入口戸、たんすの引出、金庫などのように外部から鍵を掛ける錠をいう。
- 取付け状態
  - 彫込錠（ほりこみじょう）：戸をくり抜いて、内部に錠箱などを入れ込んだ錠をいう。
  - 面付錠（つらづけじょう）：室内側の戸の表面に錠箱などを取り付けた錠をいう。
  - 円筒錠：戸に丸い穴をあけて取り付ける錠で、ノブの中にシリンダーが組み込まれている。内側のボタンを押すことで施錠され、デッドボルトがないものを「モノロック」という。ノブと同軸上にシリンダー、サムターンが組み込まれたモノロックで、デッドボルトがあるものを「本締付モノロック」という。
- その他

開き戸　　　　　引き戸

開き戸用錠　　　　**引き戸用錠**　　　　　　**彫　込　錠**

面　付　錠　　　　**モノロック・空錠**　　　　**本締付モノロック**

〈彫込型錠の構造と各部の働き〉

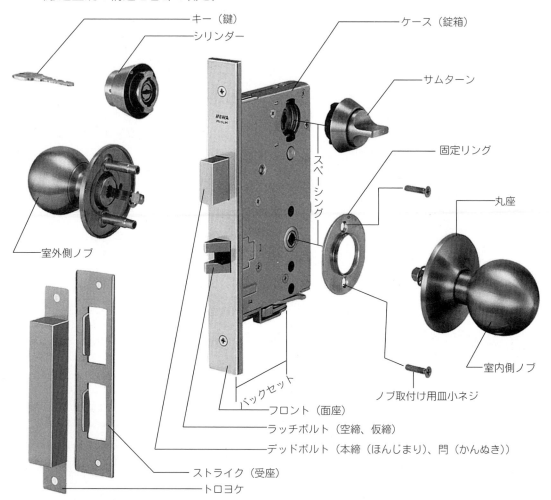

名　　　　称	働　　　　　　き
サ　ム　タ　ー　ン	デッドボルトを出し入れするためのつまみ。通常は施錠時にサムターンが横になる。
ノ　　ブ（握玉）	ノブ自体は取っ手の役を果たし、ラッチボルトの出し入れを行う。
フ　ロ　ン　ト（面座）	彫込型錠前ケースの扉の木口に出てくる面で、ラッチボルト、デッドボルトの出入りする穴とケースを扉に取り付けるためのビス穴がある。
デッドボルト（本締）	施錠するためのカンヌキで、キー、サムターンで操作する。
ラッチボルト（空締）	扉が風などで煽られないための仮締りで、ノブで操作する。
ス　ト　ラ　イ　ク（受座）	ケースから出てくるラッチボルト、デッドボルトの「受け」で枠に取り付ける。
ケ　　ー　　ス（錠箱）	錠前の機構の部分が納められていて、扉の中に納める彫込型と扉面に取り付ける面付型がある。
シ　リ　ン　ダ　ー	キーの入る部分で、そのシリンダー用以外のキーでは回転しないようになっている。

〈錠の外観等〉

強化ガラス扉用錠（ショーケースなどの錠）

床面

エンジンドア用錠（横開き自動ドアなどの錠）

外　　　　　　　　内

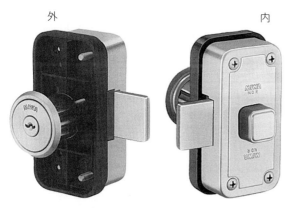

面付本締錠（ケースがドア表面に付いた錠）

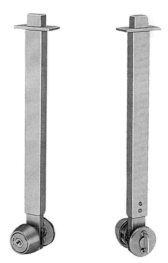

チュウブラ本締錠（自由開き扉の両開きタイ
プ、ハンガードア等）

トリガーボルト

ロッド

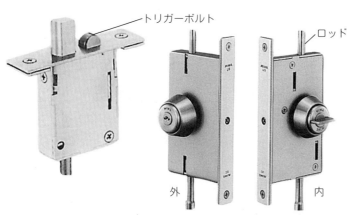

外

内

引戸錠（ロッドで施錠するタイプ）
トリガーボルト：鎌の変形・損傷を防止するためのもの。
　　　　　　　　トリガーが沈まないと鎌が動かない。

外　　　　　　　内

シリンダー

サムターン

引戸錠（鎌で施錠するタイプ）

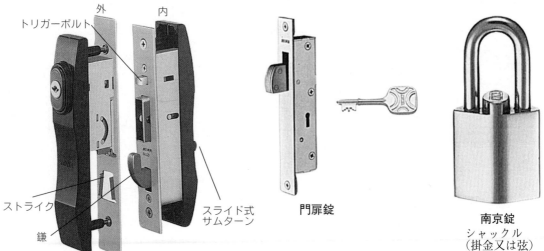

トリガーボルト
外　　内

ストライク

鎌

スライド式
サムターン

引違戸錠（鎌で施錠するタイプ）

門扉錠

南京錠
シャックル
（掛金又は弦）

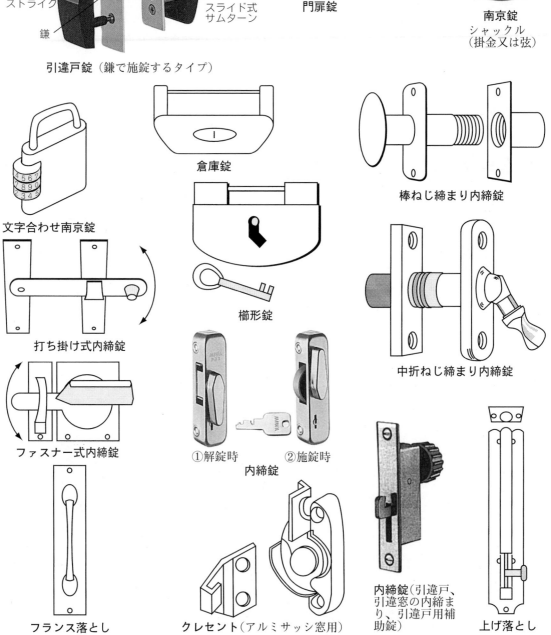

文字合わせ南京錠

倉庫錠

棒ねじ締まり内締錠

打ち掛け式内締錠

櫛形錠

中折ねじ締まり内締錠

ファスナー式内締錠

①解錠時　　②施錠時
内締錠

フランス落とし

クレセント（アルミサッシ窓用）

内締錠（引違戸、
引違窓の内締ま
り、引違戸用補
助錠）

上げ落とし

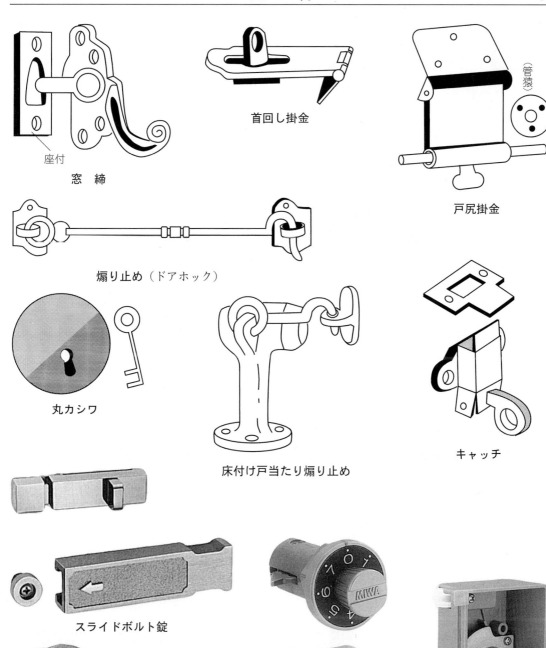

座付

窓　締

首回し掛金

（管猿）

戸尻掛金

煽り止め（ドアホック）

丸カシワ

床付け戸当たり煽り止め

キャッチ

スライドボルト錠

自動販売機用ハンドルロック錠

簡易ダイヤル錠
（郵便箱、集合郵便箱）

鎌ロッカー錠

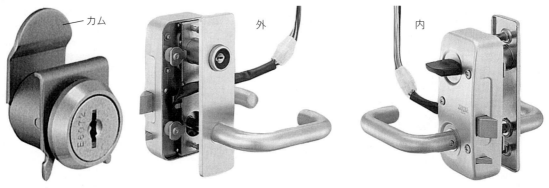

カム

外

内

カムロック錠　　　　シリンダー面付電気箱錠（電気的に遠隔場所から施錠、解錠できる錠の一種）

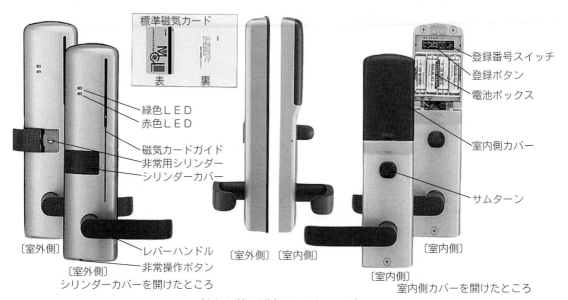

標準磁気カード

表　　裏

緑色LED
赤色LED

磁気カードガイド
非常用シリンダー
シリンダーカバー

レバーハンドル
非常操作ボタン
〔室外側〕
シリンダーカバーを開けたところ

〔室外側〕

〔室外側〕〔室内側〕

登録番号スイッチ
登録ボタン
電池ボックス

室内側カバー

サムターン

〔室内側〕

〔室内側〕
室内側カバーを開けたところ

鍵なし錠（磁気カードロック）

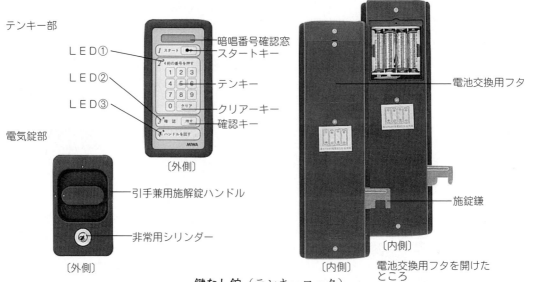

テンキー部

LED①
LED②
LED③

電気錠部

暗唱番号確認窓
スタートキー

テンキー

クリアーキー
確認キー

〔外側〕

引手兼用施解錠ハンドル

非常用シリンダー

〔外側〕

電池交換用フタ

施錠鎌

〔内側〕

〔内側〕
電池交換用フタを開けたところ

鍵なし錠（テンキーロック）

〈扉自動閉鎖装置等〉

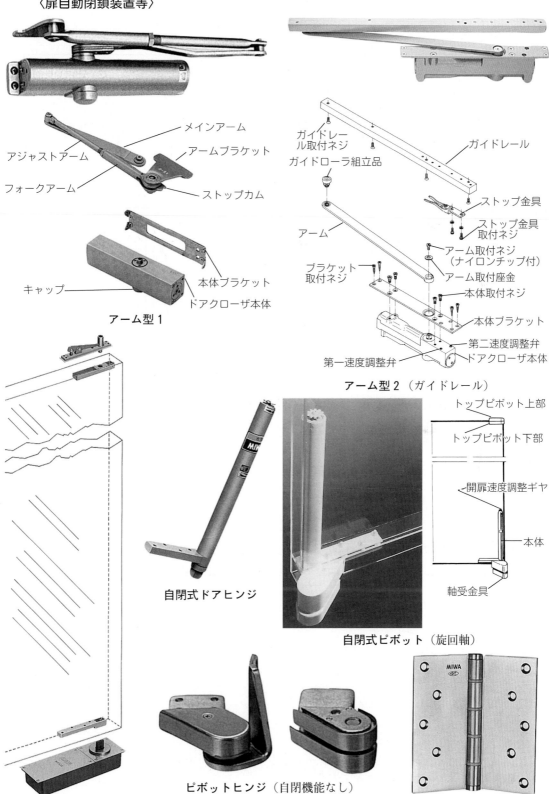

メインアーム

アームブラケット

アジャストアーム

フォークアーム

ストップカム

ガイドレール取付ネジ

ガイドローラ組立品

ガイドレール

アーム

ストップ金具

ストップ金具取付ネジ

ブラケット取付ネジ

アーム取付ネジ（ナイロンチップ付）

アーム取付座金

本体取付ネジ

本体ブラケット

第二速度調整弁

第一速度調整弁

ドアクローザ本体

アーム型2（ガイドレール）

キャップ

本体ブラケット

ドアクローザ本体

アーム型1

トップピボット上部

トップピボット下部

開扉速度調整ギヤ

本体

軸受金具

自閉式ドアヒンジ

自閉式ピボット（旋回軸）

自閉式床ヒンジ（丁番）

ピボットヒンジ（自閉機能なし）

丁　番

2　棚・カーテン・ブラインド

〈棚〉

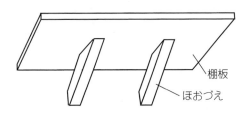

棚板
ほおづえ

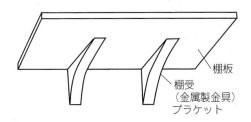

棚板
棚受
（金属製金具）
ブラケット

〈カーテン〉

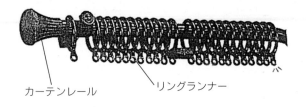

カーテンレール
リングランナー

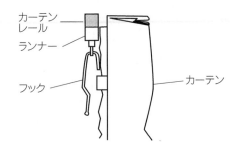

カーテン
レール
ランナー
フック
カーテン

〈ブラインド〉

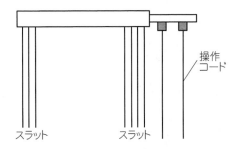

操作
コード
スラット
スラット

3　空調ダクト・厨房排気ダクト

〈空調ダクト〉

○空調の方式

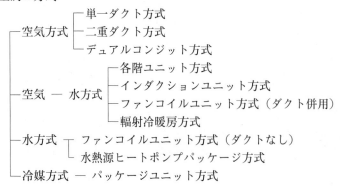

　　　　　　　┌ 単一ダクト方式
　空気方式 ┤二重ダクト方式
　　　　　　　└ デュアルコンジット方式
　　　　　　　　　　　　┌ 各階ユニット方式
　空気 ― 水方式 ┤インダクションユニット方式
　　　　　　　　　　　　├ ファンコイルユニット方式（ダクト併用）
　　　　　　　　　　　　└ 輻射冷暖房方式
　水方式 ┬ ファンコイルユニット方式（ダクトなし）
　　　　　　└ 水熱源ヒートポンプパッケージ方式
　冷媒方式 ― パッケージユニット方式

【単一ダクト方式】

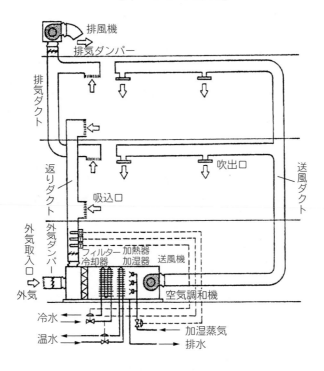

排風機
排気ダンパー
排気ダクト
吹出口
送風ダクト
返りダクト
吸込口
外気取入口
外気ダンパー
フィルター　加熱器
冷却器　加湿器
送風機
空気調和機
外気
冷水
温水
加湿蒸気
排水

【パッケージユニット方式】

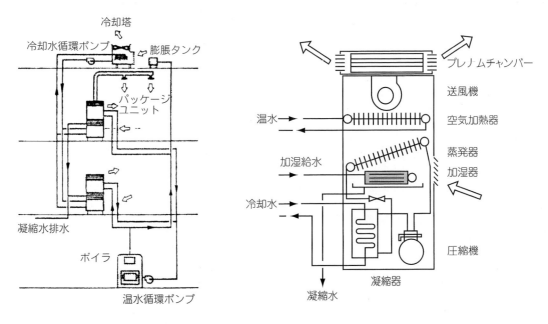

冷却塔
冷却水循環ポンプ
膨脹タンク
パッケージユニット
凝縮水排水
ボイラ
温水循環ポンプ

プレノムチャンバー
送風機
温水
空気加熱器
蒸発器
加湿給水
加湿器
冷却水
圧縮機
凝縮器
凝縮水

〈厨房排気ダクト〉

○厨房排気ダクトの概略図　　　○防火ダンパーの例

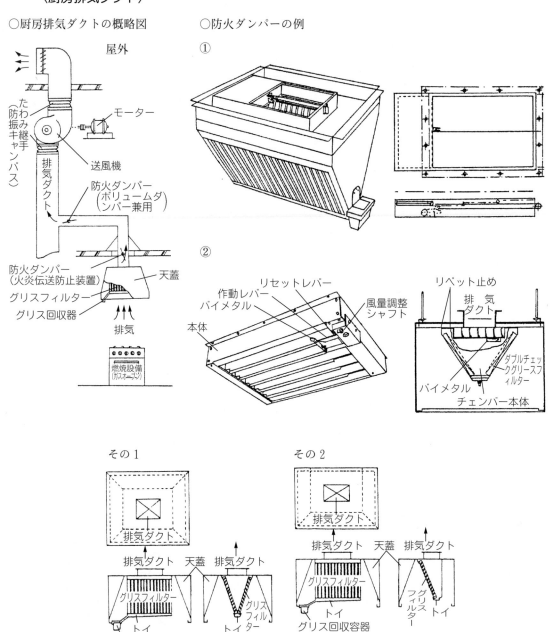

天蓋の構造

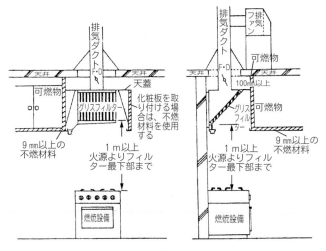

天蓋の設置例

〈ダクトの保温施工〉

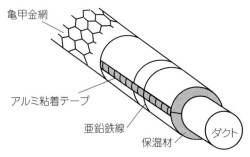

丸ダクト（隠ぺい）

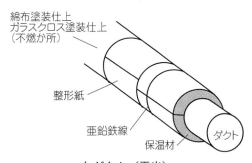

丸ダクト（露出）

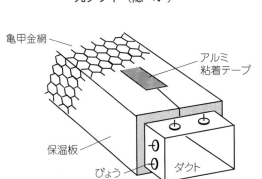

角ダクト（隠ぺい）

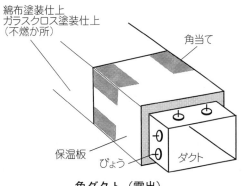

角ダクト（露出）

4　床暖房の施工

〈電気方式〉

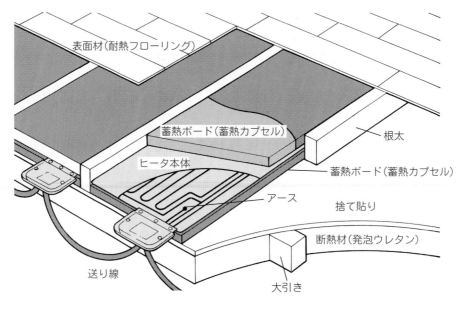

表面材(耐熱フローリング)

蓄熱ボード(蓄熱カプセル)

ヒータ本体

根太

蓄熱ボード(蓄熱カプセル)

アース

捨て貼り

断熱材(発泡ウレタン)

送り線

大引き

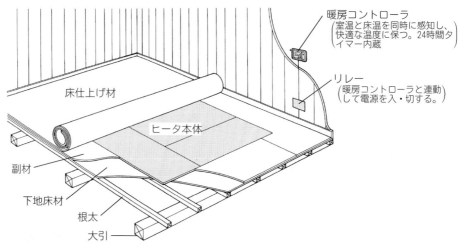

暖房コントローラ
(室温と床温を同時に感知し、快適な温度に保つ。24時間タイマー内蔵)

リレー
(暖房コントローラと連動して電源を入・切する。)

床仕上げ材

ヒータ本体

副材

下地床材

根太

大引

〈温水配管方式〉

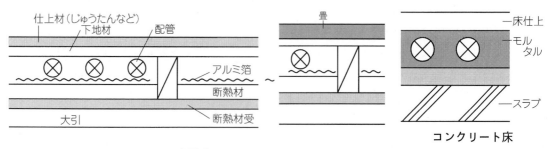

仕上材(じゅうたんなど)

下地材

配管

アルミ箔

断熱材

大引

断熱材受

木造床

畳

床仕上

モルタル

スラブ

コンクリート床

5　エスカレーター・エレベーター

〈エスカレーター〉

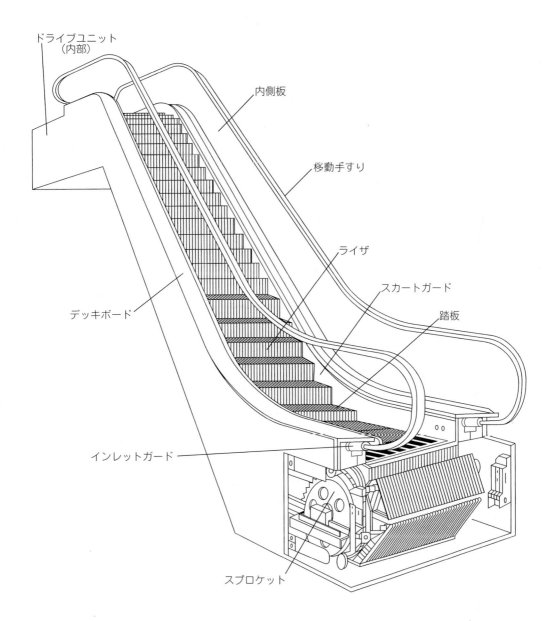

ドライブユニット
（内部）

内側板

移動手すり

ライザ

スカートガード

踏板

デッキボード

インレットガード

スプロケット

〈エレベーター〉

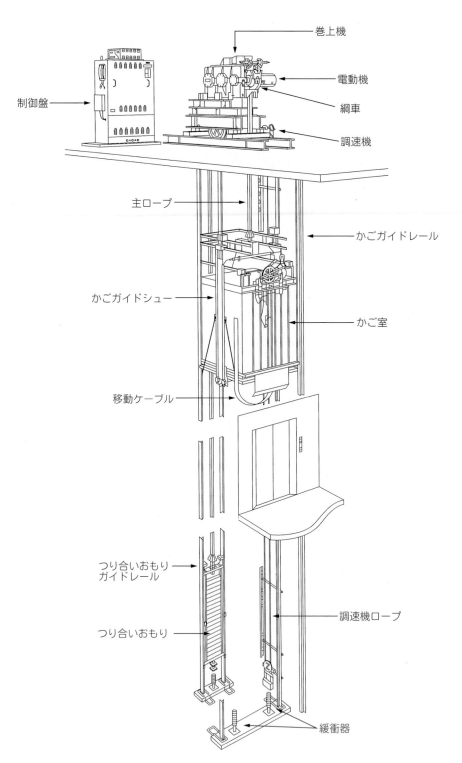

巻上機

電動機

綱車

調速機

制御盤

主ロープ

かごガイドレール

かごガイドシュー

かご室

移動ケーブル

つり合いおもり
ガイドレール

調速機ロープ

つり合いおもり

緩衝器

1　電力会社から需要家への送電経路

〈受変電設備〉

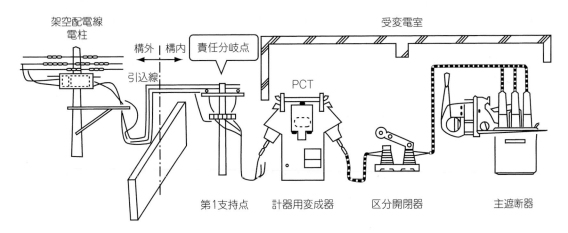

架空配電線
電柱

構外　構内　責任分岐点

引込線

受変電室

PCT

第1支持点　　計器用変成器　　区分開閉器　　　　　主遮断器

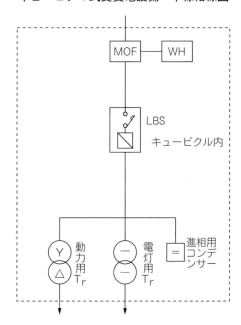

キュービクル式受変電設備　単線結線図

MOF　　WH

LBS
キュービクル内

動力用Tr　　電灯用Tr　　進相用コンデンサー

受変電設備に使用されている機器の名称及び用途

名　　称	略　　称	図　記　号	用　　途
地絡付気中負荷開閉器	SOG		電力会社からの引込口に取り付ける負荷開閉器である。 　現在は、油入開閉器に替わって、気中式か真空式が使用されている。
計器用変成器	MOF又はPCT	MOF 又は PCT	電力会社の電力量計用変成器である。 　高電圧回路の電圧、電流を直接計測機器に導き接続することは大変危険なので、高電圧回路の電圧・電流に比例した安全で取り扱いやすい値に変成する装置である。
電力量計	WH	WH	電力会社の取引用メーターであり、計器用変成器に接続され、使用電力量を計測する。
断路器	DS		充電された電路を開閉するために使用する。負荷電流を開閉することはできず、点検などの目的で線路の一部又は機器を回路から切り離すために用いられる。

断路器の図中ラベル：
電源側端子　フック穴　支持がいし　ブレード（断路刃）　取付台　接触子　ヒンジ　支持がいし　負荷側端子

名　称	略　称	図　記　号	用　途
零相変流器	ZCT		地絡継電器に接続して使用するものである。 　高電圧及び低電圧の主回路に地絡事故が生じた場合、回路に流れる零相電流を捕えて、地絡継電器に伝達し、地絡保護を行う目的で使用する。
地絡継電器	GR	G	地絡継電器は、1線地絡事故を検出して、遮断器を切るものである。小容量の場合は地絡過電流継電器（OCG）、大容量の場合には地絡方向継電器（DG）などが使用される。
計器用変圧器	PT		高電圧回路の高い電圧を、計器や保護継電器に適した低電圧に変換する装置で、通常定格二次電圧は110Vである。
電　圧　計	V	V	電圧を指示させるもので、高圧の場合はPTに接続して使用する。

名　称	略　称	図　記　号	用　　　　　途
遮　断　器	ＣＢ		遮断器（ＣＢ）は、常規状態（負荷電流の通じている回路）の電路を開閉するほかに、異常状態（過電流、地絡等特に短絡事故）が発生した場合でも、保護継電器と組み合わせて電路を開放し、機器を保護する役割を持つ機器である。 　短絡時の大電流を安全に遮断しなければならない重要な機器であり、開極により生じた火花がアークに発展し、そのアークにより電極間が短絡すれば、さらに大事故に発展する。 　遮断器は、開極により生じたアークを消すことに大きな目的があり、その方法で種類が分けられており下記のものがある。 ◎絶縁油の中で遮断する　油入遮断器（ＯＣＢ） ◎圧縮空気を使用する　　空気遮断器（ＡＢＢ） ◎真空中で遮断する　　　真空遮断器（ＶＣＢ）

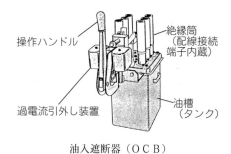

油入遮断器（ＯＣＢ）

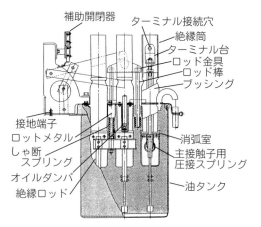

油入遮断器（ＯＣＢ）内部

変　流　器	ＣＴ		主回路の大きな電流を、計器や保護継電器に適した小電流に変換する装置で、通常定格二次電流は５Ａである。
過電流継電器	ＯＣＲ	ＯＣ	過電流や、短絡電流で動作し、遮断器を切るものである。

名　称	略　称	図　記　号	用　途
電　流　計	A		回路の電流を指示するもので、CT に接続され、使用されている。
避　雷　器	LA		 避雷器の構造 　雷電圧や回路の異常電圧が受電設備に侵入したとき、波高地を低減させて大地に放電し電気機器が破壊されるのを防ぐためのものである。 　避雷器は雷電圧を大地に逃がすため、第一種接地を実施する。
高　圧 カットアウト	PC		 　開閉器にヒューズを組み合せたもので、変圧器の過負荷保護などに使用する。 　高圧カットアウトは、電流開閉能力の点から変圧器では300 kVA 以下、コンデンサーでは50 kVA 以下に使用する。

名　称	略　称	図記号	用　途
変　圧　器	Tr	(図記号) 又は	高圧(一次)側ブッシング 低圧(二次)側ブッシング 放熱ひれ 外箱 　変圧器は、受変電設備の主体となる機器で特別高圧又は高圧電圧を各設備負荷に適した電圧に変圧する役割を持ち、その構造から分類すると、絶縁油を用いることによって絶縁及び冷却を行う油入変圧器、又は絶縁油の代わりに空気を用いる乾式変圧器等がある。
高圧気中負荷開閉器	LBS	(図記号)	消弧室 電源側端子 操作レバー 早入ばね 入切表示銘板 取付台 電力ヒューズ 支持がいし 負荷側端子 　電力ヒューズと負荷開閉器とを一体に組み込むことにより、通常の負荷電流が開閉できるとともに、短絡電流を電力ヒューズによって遮断するもので、遮断器に代わる性能を持っている。遮断器に比べて開閉寿命が短いことと、短絡電流遮断後にヒューズリンクを取り替えなければならないほかは、経済的で、保守も簡単であり、遮断容量が大きく、限流作用があり、手軽に利用できるという特徴がある。この特徴を生かして、気中負荷開閉器と限流形電力ヒューズとを組み合わせたものが、キュービクル式高圧受電設備のPF−S形主遮断装置や屋内電気室の高圧保護機器として多く使用されている。

名　　称	略　　称	図　記　号	用　　途
進　相　用 コ ン デ ン サ ー	S C		 　進相用コンデンサーは負荷の力率を改善し、無効電流を減少させる機能を有するものであり、進相用コンデンサーの設置により、下記のような効果が得られる。 (1)　損失の低減が図れる。 　　力率改善による無効電流の減少により、線路電流が低減されるので、コンデンサー設置点までの線路や変圧器の抵抗損失（I^2R）が減少する。 (2)　受変電設備の有効利用が図れる。 　　力率改善による線路電流の低減により、コンデンサー設置点までの電線、ケーブル変圧器の容量に余裕が生じる。したがって変圧器などの容量低減が可能となり、受変電設備の有効利用が図れる。 (3)　電圧降下が改善できる。 　　力率改善による無効電流の減少により、変圧器や線路のリアクタンスによる電圧降下が減少し、電圧が安定する。 (4)　電気料金が安くなる。 　　進相用コンデンサーの設置により力率が改善されるため、電気料金の基本料金が割引きされる。

2　コード等の用途と構造図

〈器具用ビニルコード〉

名称　単心ビニルコード
用途　電気を熱として利用しない
　　　器具の移動用電線

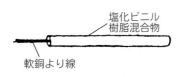

名称　ゴムキャブタイヤコード
用途　電球線、小形電気機械器具

名称　より合わせビニルコード
用途　電気を熱として利用しない
　　　器具の移動用電線

名称　ビニルキャブタイヤコード
用途　電気を熱として利用しない
　　　器具の移動用電線

名称　平形ビニルコード
用途　電気を熱として利用しない
　　　器具の移動用電線

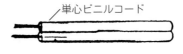

〈屋内コード〉

名称　単心コード(単心ゴムコード)
用途　電球線、小形電気機械器具
　　　用(乾燥場所)

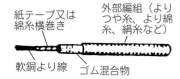

名称　よりコード(より合わせゴ
　　　ムコード)
用途　電球線、小形電気機械器具
　　　用(乾燥場所)

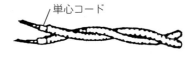

名称　袋打コード(袋打ちゴムコー
　　　ド)
用途　電球線、小形電気機械器具
　　　用(乾燥場所)

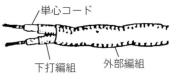

名称　電熱器用コード
用途　電熱用

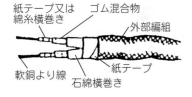

名称　防湿よりコード(防湿より
　　　合わせコード)
用途　湿気又は水気のある場所の
　　　電球用又は電気機械器具用

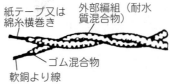

名称　丸打コード(丸打ちゴムコー
　　　ド)
用途　電球線、小形電気機械器具
　　　用(乾燥場所)

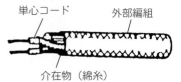

名称　金糸コード
用途　小形家庭用電気機械器具
　　　（電気バリカン、電気ひげ
　　　そりなど）の付属で長さ2.5
　　　m以下

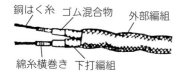

銅はく糸　ゴム混合物　外部編組
綿糸横巻き　下打編組

〈絶縁電線〉

名称　600Vビニル絶縁電線
略称　ＩＶ
用途　屋内

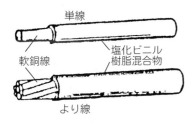

単線
軟銅線
塩化ビニル
樹脂混合物
より線

名称　600Vポリエチレン絶縁電線
略称　ＩＣ
用途　屋内・屋外

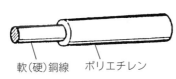

軟（硬）銅線　ポリエチレン

名称　600Vゴム絶縁電線
略称　ＲＢ
用途　屋内

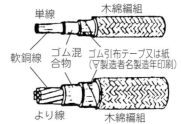

単線
木綿編組
軟銅線
ゴム混合物
ゴム引布テープ又は紙
（▽製造者名製造年印刷）
より線
木綿編組

名称　蛍光灯電線
略称　ＦＬ
用途　1,000V級蛍光放電灯（スリ
　　　ムライン蛍光灯など）回路
　　　の高圧側配線

塩化ビニル樹脂混合物
軟銅線

名称　引込用ビニル絶縁電線
略称　ＤＶ
用途　屋外・引込線

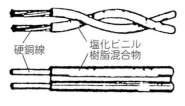

硬銅線
塩化ビニル
樹脂混合物

名称　ネオン電線
略称　NRV・NRC・NEV・NV
用途　1,000Vを超える放電電灯
　　　（ネオンサインなど）の管灯
　　　回路の配線

7,500Vゴムビニルネオン電線

軟銅線　ゴム絶縁物
塩化ビニル
樹脂混合物

15,000Vポリエチレンビニル

軟銅線　ポリエチレ
ン絶縁物
塩化ビニル
樹脂混合物

名称　屋外用ビニル絶縁電線　　　　名称　引下げ用高圧絶縁電線
略称　OW　　　　　　　　　　　　略称　PD
用途　屋外　　　　　　　　　　　　用途　変圧器の高圧側引下げ用

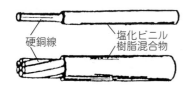

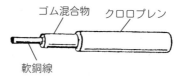

注：絶縁電線の略称であるIV、RB、DV及びOWの語源は次のようなものである。
　　IV：Indoor Polyvinyle Chloride lnsulated Wires
　　RB：Rubber Insulated Wires
　　DV：Polyvinyle Chloride Insulated Drop Wires
　　OW：Out-door Weather Proof Polyvinyle Chloridel Insulated Wires

〈ケーブル〉

名称　ビニル外装ケーブル（Fケー　名称　CVケーブル　　　　　名称　クロロプレン外装ケーブル
　　　ブル）　　　　　　　　　　略称　CV　　　　　　　　略称　RN
略称　VVR、VVF　　　　　　　用途　地中配電線　　　　　用途　屋内、屋外、地中線
用途　屋内、屋外、地中線

6 kV 3 心 CVケーブル

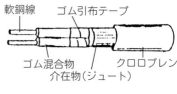

名称　CDケーブル　　　　　　　名称　MIケーブル　　　　　名称　鉛被ケーブル
略称　CD　　　　　　　　　　略称　MI　　　　　　　　略称　EL、BL
用途　地中配電線　　　　　　　用途　原子力及び火力発電所、船　用途　地中配電線
　　　　　　　　　　　　　　　　　　舶、精練、鋳物工場などの
　　　　　　　　　　　　　　　　　　高温及び火気をきらう場所
　　　　　　　　　　　　　　　　　　の配線（耐火性配線）

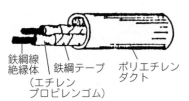

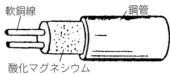

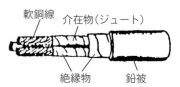

3　積算電力量計・住宅用分電盤

〈積算電力量計〉

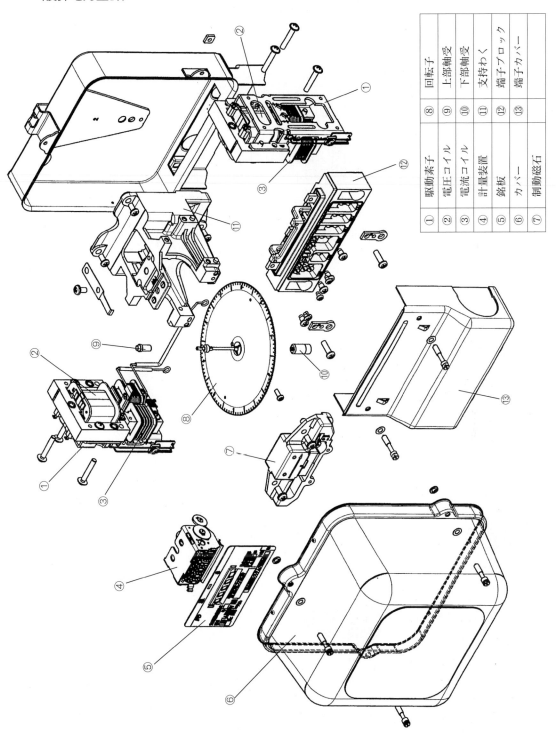

①	駆動素子	⑧	回転子
②	電圧コイル	⑨	上部軸受
③	電流コイル	⑩	下部軸受
④	計量装置	⑪	支持わく
⑤	銘板	⑫	端子ブロック
⑥	カバー	⑬	端子カバー
⑦	制動磁石		

〈住宅用分電盤〉

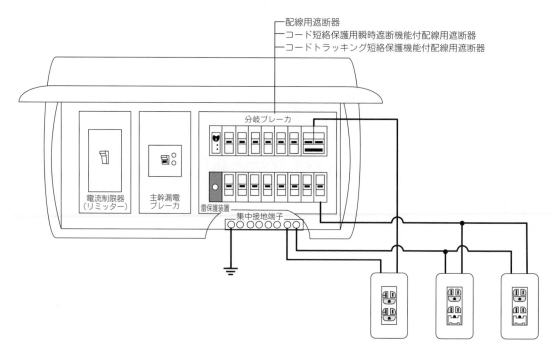

配線用遮断器
コード短絡保護用瞬時遮断機能付配線用遮断器
コードトラッキング短絡保護機能付配線用遮断器

分岐ブレーカ

電流制限器
（リミッター）

主幹漏電
ブレーカ

雷保護装置　集中接地端子

4　接続器具とスイッチの外観

〈コンセント〉

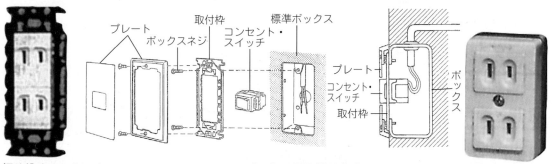

プレート
ボックスネジ
取付枠
コンセント・
スイッチ
標準ボックス

プレート
コンセント・
スイッチ
取付枠

ボックス

埋め込みコンセント　　　　　ボックスの取付け方法　　　　　露出コンセント

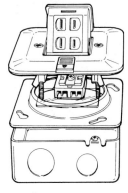

コンセント
釘

床コンセント　　　　　　防水コンセント　　　リーラーコンセント

〈テーブルタップ・接続コード〉

テーブルタップ

三角タップ

トリプルタップ

ローリングタップ

スナップタップ

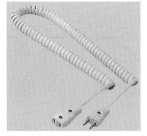
カーリーコード

十型タップ

U型タップ

延長コード

ボディー　　　　キャップ
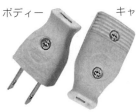
コードコネクタ

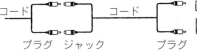
コード　　　　　　　　コード
プラグ　ジャック　　　プラグ　アンプ・他
プラグ・ジャックの接続コード

〈ソケット類〉

分岐ソケット

キーソケット

キーレスソケット

ラジオソケット

①丸型1灯2差クラスタ

副
主
②1号新国民ソケット

副
主
③2号新国民ソケット

④3号国民ソケット

セパラボディ

レセプタクル

電球アダプター

スタンド用ソケット

①パイプボタン
　ソケット

②スタンド用親子
　プルソケット

③スタンド用プル
　ソケット

④スタンド用パイプ
　キーレスソケット

〈スイッチ〉

ペンダントスイッチ

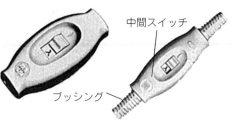

中間スイッチ

ブッシング

中間スイッチ

タンブラスイッチ

ランプ付タンブラ
スイッチ

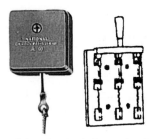

プルスイッチ　ナイフスイッチ

カバー付ナイフスイッチ

金属箱開閉器

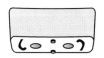

ボディ

キャップ

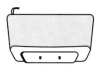

コンセントアダプタ

角型引掛シーリング

〈配線用遮断器・配線ダクト〉

配線用遮断器
（NFB・ノーヒューズブレーカ）
（漏電遮断機構無し）

小型漏電ブレーカ

漏電ブレーカ

つめ付きヒューズ

安全器（カットアウト
スイッチ）　本体は陶
磁器製でツメ付きヒュ
ーズを使用している。

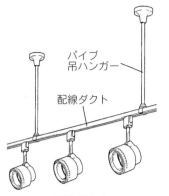

パイプ
吊ハンガー

配線ダクト

配線ダクト

V（電圧側）
U（接地側）

配線ダクトの内部

〈スイッチボックス・ジョイントボックス他〉

・2方出

スイッチボックス

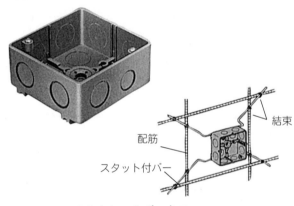

結束

配筋

スタット付バー

アウトレットボックス

ジョイントボックス

ビニルケーブル

電源接続端子

端子付きジョイントボックス

エントランスキャップ

絶縁ブッシング

ブッシング

サドル

サドル

露出スイッ
チボックス

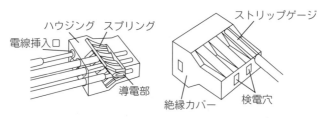

配線接続器具

5　スイッチの内部構造

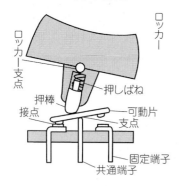

シーソスイッチの構造

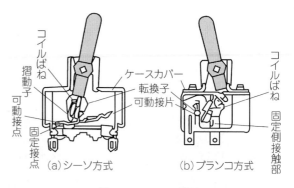

（a）シーソ方式　　（b）ブランコ方式

トグルスイッチの構造

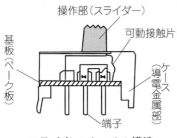

スライドスイッチの構造

(a)多連プッシュスイッチ

(b)単キープッシュスイッチ

プッシュスイッチの構造

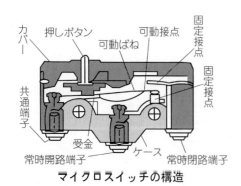

マイクロスイッチの構造

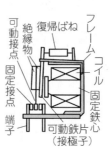

（a）　ヒンジ形

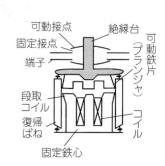

（b）　プランジャ形

リレーの構造

6　照明の外観等

スポットライト

ブラケット

ペンダント

ダウンライト

白熱灯シーリングライト

ポール灯

笠無し型蛍光灯

反射笠付型蛍光灯

蛍光灯シーリングライト

下面開放埋込型蛍光灯

ルーバー付埋込型蛍光灯

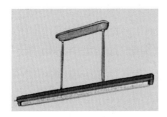
パイプ吊型蛍光灯

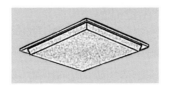
パネル付埋込型蛍光灯

①

②（防雨型・防滴型）

ウオールライト

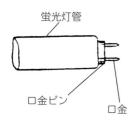
蛍光灯管
口金ピン
口金

蛍光管の各部名称

蛍光灯ソケット

E形口金

P形口金

点灯管（グローランプ）

ブラケット：通常、腕のある壁付照明を指す。
ペンダント：引掛シーリングを使用し、コードでつり下げた照明を指す。
シーリングライト：直付け照明を指す。

7　主な家電製品

〈テレビ〉

　最近のテレビは、大型・液晶・ワイド画面（16：9）といったものが一般家庭に普及している。

1　原理と構造

　テレビ受像機の仕組みは、図に示すように、機能別に大きく分けると五つの回路から構成されている。

〔構成図〕

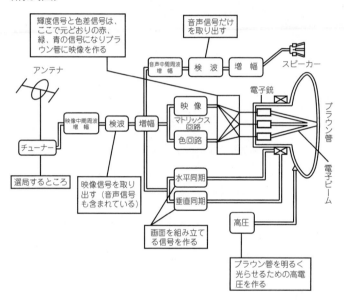

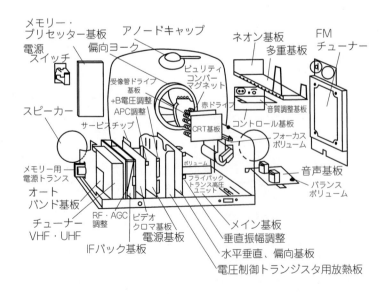

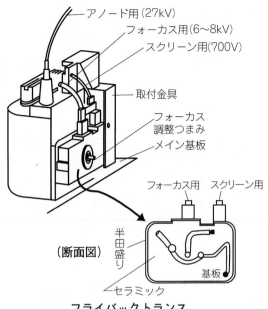

アノード用（27kV）

フォーカス用（6〜8kV）

スクリーン用（700V）

取付金具

フォーカス
調整つまみ

メイン基板

フォーカス用　スクリーン用

（断面図）

半田盛り

基板

セラミック

フライバックトランス

〈液晶テレビ〉

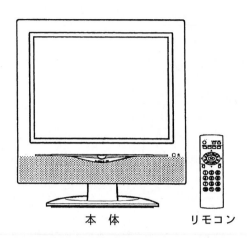

本　体　　　　リモコン

〔構成図〕

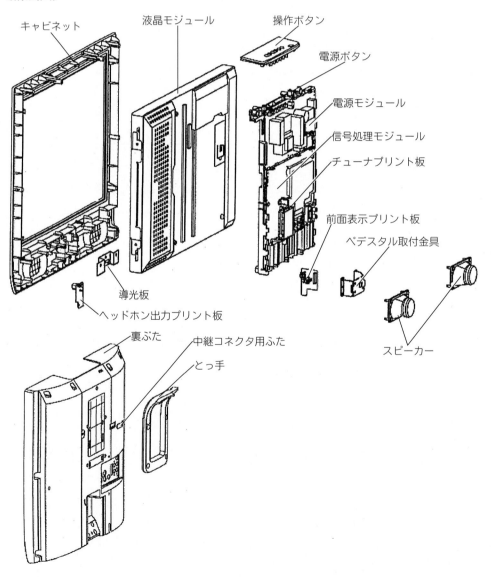

キャビネット

液晶モジュール

操作ボタン

電源ボタン

電源モジュール

信号処理モジュール

チューナプリント板

前面表示プリント板

ペデスタル取付金具

導光板

ヘッドホン出力プリント板

スピーカー

裏ぶた

中継コネクタ用ふた

とっ手

〈電気こんろ〉

電気こんろ（普及型、300・600W切替え式）

〈電磁調理器〉

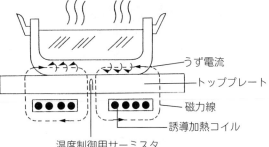

うず電流
トッププレート
磁力線
誘導加熱コイル
温度制御用サーミスタ

電磁調理器の加熱原理

シーズヒータこんろ（一口）

シーズヒータこんろ（二口）

ヒータ支持金具
受皿
コード
ヒータ
（シーズヒータ）
スイッチ
差し込みプラグ

シーズヒータこんろ各部の名称

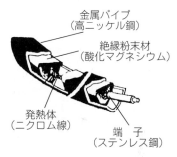

金属パイプ
（高ニッケル鋼）
絶縁粉末材
（酸化マグネシウム）
発熱体
（ニクロム線）
端　子
（ステンレス鋼）

シーズヒータの構造例

〈ＩＨ炊飯ジャー〉

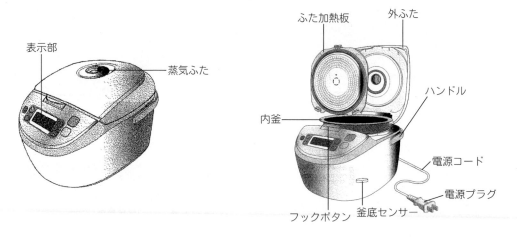

表示部

蒸気ふた

ふた加熱板　外ふた

ハンドル

内釜

電源コード

電源プラグ

フックボタン　釜底センサー

〔配線図〕

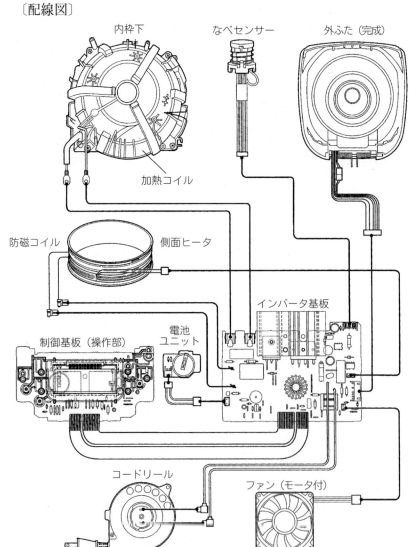

内枠下　　なべセンサー　　外ふた（完成）

加熱コイル

防磁コイル　　側面ヒータ

インバータ基板

制御基板（操作部）　電池ユニット

コードリール

ファン（モータ付）

〈電気こたつ〉

① こたつやぐら　　② 発熱体（ガード）
③ 保安装置部　　　④ 赤外線ヒータ
⑤ 赤外線ヒータソケット部　⑥ こたつ内敷ふとん

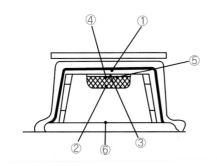

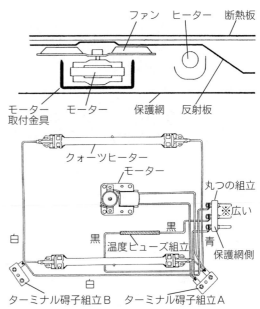

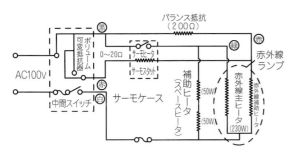

赤外線ランプこたつの結線図

石英管式ヒータこたつ発熱部

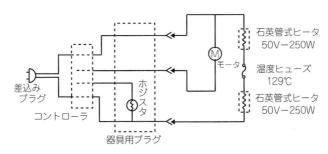

石英管式ヒータこたつ結線図

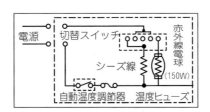

赤外線・シーズ線併用こたつの結線図

〈電気毛布〉

電気掛毛布

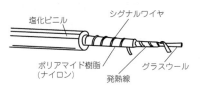

信号線方式

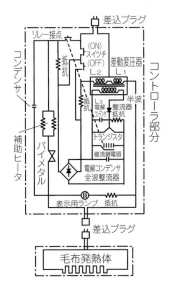

電子安全式（結線図）

〈ドライヤー〉

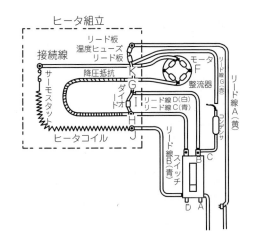

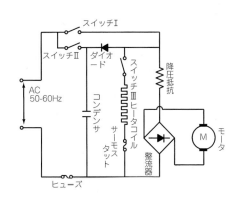

一般的なヘアードライヤーの構造・配線図

〈扇風機〉

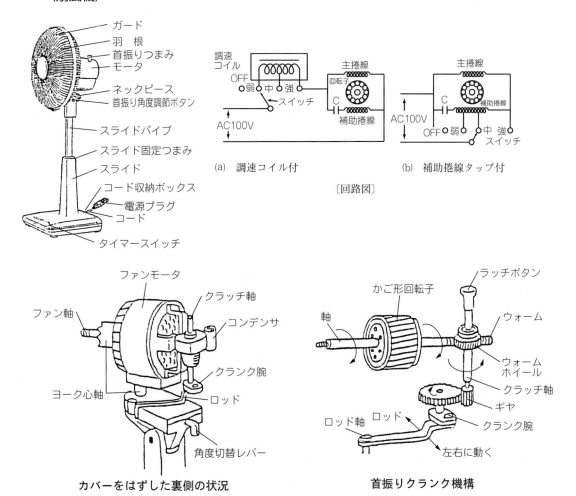

(a) 調速コイル付　　　　　(b) 補助捲線タップ付

〔回路図〕

カバーをはずした裏側の状況　　　　　首振りクランク機構

〈冷暖房機〉

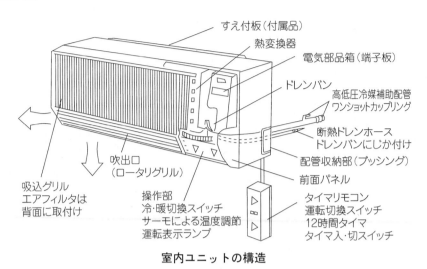

すえ付板（付属品）
熱変換器
電気部品箱（端子板）
ドレンパン
高低圧冷媒補助配管
ワンショットカップリング
断熱ドレンホース
ドレンパンにじか付け
配管収納部（ブッシング）
前面パネル
タイマリモコン
運転切換スイッチ
12時間タイマ
タイマ入・切スイッチ
吹出口
（ロータリグリル）
吸込グリル
エアフィルタは
背面に取付け
操作部
冷・暖切換スイッチ
サーモによる温度調節
運転表示ランプ

室内ユニットの構造

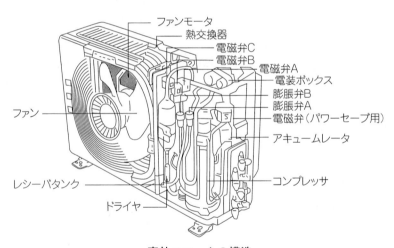

ファンモータ
熱交換器
電磁弁C
電磁弁B
電磁弁A
電装ボックス
膨脹弁B
膨脹弁A
電磁弁（パワーセーブ用）
アキュームレータ
ファン
コンプレッサ
レシーバタンク
ドライヤ

室外ユニットの構造

〈冷蔵庫〉

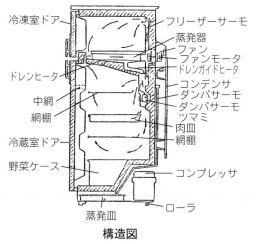

構造図

冷凍室ドア
フリーザーサーモ
蒸発器
ファン
ファンモータ
ドレンガイドヒータ
コンデンサ
ダンパサーモ
ダンパサーモ
ツマミ
肉皿
網棚
コンプレッサ
ローラ
ドレンヒータ
中網
網棚
冷蔵室ドア
野菜ケース
蒸発皿

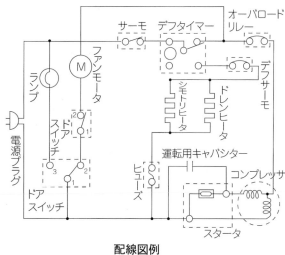

配線図例

サーモ
デフタイマー
オーバロードリレー
ランプ
ファンモータ
M
電源プラグ
ドアスイッチ
シモトリヒータ
ドレンヒータ
デフサーモ
運転用キャパシター
ヒューズ
コンプレッサ
スタータ
ドアスイッチ

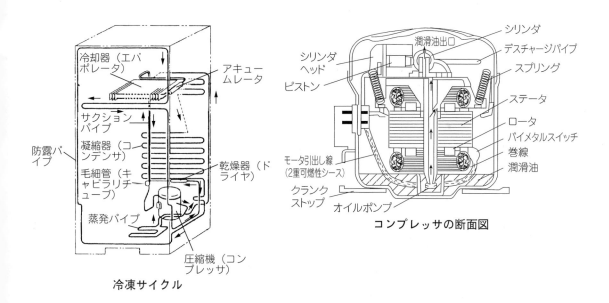

冷凍サイクル

冷却器（エバポレータ）
アキュームレータ
サクションパイプ
凝縮器（コンデンサ）
乾燥器（ドライヤ）
防露パイプ
毛細管（キャビラリチューブ）
蒸発パイプ
圧縮機（コンプレッサ）

コンプレッサの断面図

シリンダ
潤滑油出口
デスチャージパイプ
シリンダヘッド
スプリング
ピストン
ステータ
ロータ
バイメタルスイッチ
巻線
潤滑油
モータ引出し線（2重可燃性シース）
クランクストップ
オイルポンプ

〈電子レンジ〉

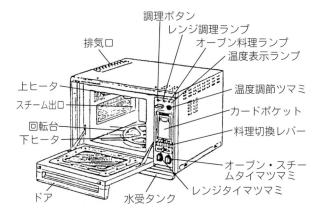

調理ボタン
レンジ調理ランプ
オーブン料理ランプ
温度表示ランプ
排気口
上ヒータ
スチーム出口
回転台
下ヒータ
温度調節ツマミ
カードポケット
料理切換レバー
オーブン・スチームタイマツマミ
レンジタイマツマミ
ドア
水受タンク

電子レンジ各部の名称

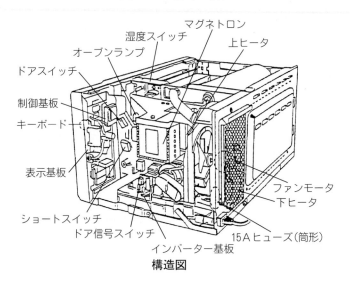

マグネトロン
湿度スイッチ
上ヒータ
オーブンランプ
ドアスイッチ
制御基板
キーボード
表示基板
ファンモータ
下ヒータ
ショートスイッチ
ドア信号スイッチ
インバーター基板
15Aヒューズ（筒形）

構造図

〈洗濯機〉

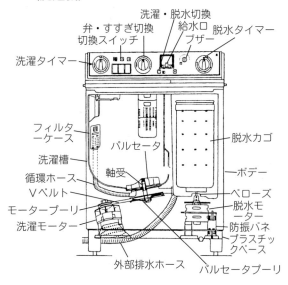

洗濯・脱水切換
弁・すすぎ切換切換スイッチ
給水口
ブザー
脱水タイマー
洗濯タイマー
フィルターケース
パルセータ
脱水カゴ
洗濯槽
軸受
ボデー
循環ホース
ベローズ
Vベルト
脱水モーター
モータープーリ
防振バネ
洗濯モーター
プラスチックベース
外部排水ホース
パルセータプーリ

二槽式洗濯機

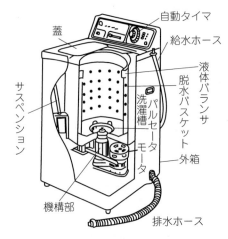

自動タイマ
蓋
給水ホース
液体バランサ
脱水バスケット
洗濯槽
パルセータ
モータ
サスペンション
外箱
機構部
排水ホース

全自動洗濯機

〈洗濯乾燥機〉

〔構造図（正面図）〕

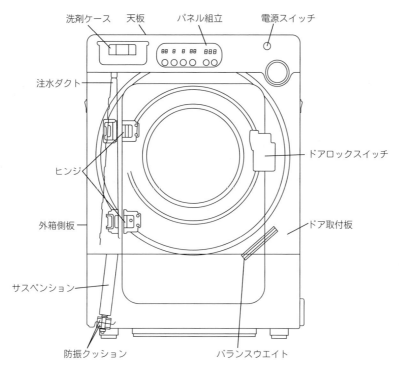

洗剤ケース　天板　パネル組立　電源スイッチ

注水ダクト

ドアロックスイッチ

ヒンジ

外箱側板

ドア取付板

サスペンション

防振クッション　バランスウエイト

〔構造図（断面図）〕

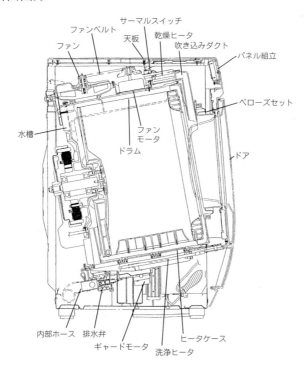

ファンベルト　サーマルスイッチ　乾燥ヒータ
ファン　天板　吹き込みダクト
パネル組立

ベローズセット

水槽

ファンモータ
ドラム

ドア

内部ホース　排水弁　ヒータケース
ギャードモータ　洗浄ヒータ

〈乾燥機〉

ドア
ドラム
フィルター

正面

吸気口
電源コード
差込みプラグ
アース線
排気口

背面

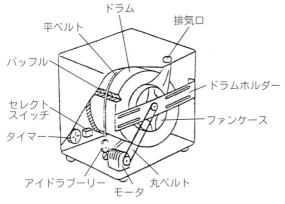

共通接点
ヒータ接点
モータ接点
温度調節用サーモスタット
ドアスイッチ
3
2
TM
タイマー
コンデンサ
タイマーモータ
誘導モータ
警報ブザー
保安用サーモスタット
AC100V
ヒータ

配線図例

ドラム
平ベルト
バッフル
セレクトスイッチ
タイマー
アイドラプーリー
モータ
排気口
ドラムホルダー
ファンケース
丸ベルト

裏面から見た乾燥機
構造図例

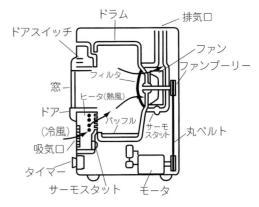

ドラム
ドアスイッチ
窓
ドア
（冷風）
吸気口
タイマー
サーモスタット
フィルタ
ヒータ(熱風)
バッフル
排気口
ファン
ファンプーリー
サーモスタット
丸ベルト
モータ

冷風・熱風の流れ

〈蛍光灯〉

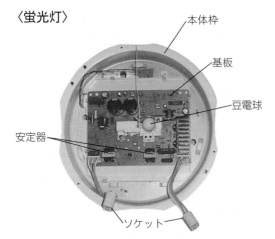

本体枠
基板
豆電球
安定器
ソケット

サークライン蛍光灯（内部の状況）

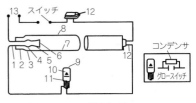

13　スイッチ　12
8
7
6
1 2 3 4 5
10　9
11
12
コンデンサ
グロースイッチ

1　口金セン
2　口金
3　スラム
4　排気管
5　導入線
6　陰極
7　蛍光膜
8　蛍光灯管
9　点灯管（グローランプ）
10　バイメタル
11　固定電極
12　安定器
13　電源

グロースタータ形の回路図

8　ランプの種類

〈白熱灯〉

・白熱電球

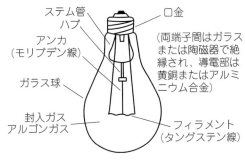

ステム管
ハブ
アンカ
（モリブデン線）
ガラス球
封入ガス
アルゴンガス
口金
（両端子間はガラス
または陶磁器で絶
縁され、導電部は
黄銅またはアルミ
ニウム合金）
フィラメント
（タングステン線）

白熱電球の構造と各部の名称

・ハロゲン電球

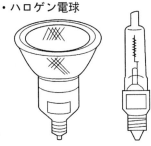

特長：小型で明るい
用途：店舗、スポットライト
ランプの代表形名（JD〜、JDR〜）

〈蛍光灯〉

・蛍光ランプ

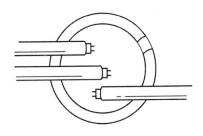

特長：一般家庭で使われる代表的ランプ
用途：リビング、寝室のメイン照明
ランプの代表形名（FL〜、FLR〜、FCL〜）

・電球形蛍光ランプ

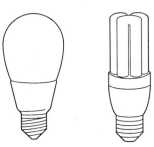

特長：白熱電球の形をした蛍光ランプ
用途：白熱電球の置換えとして広く使われる
ランプの代表形名（EFA〜、EFG〜、EFD〜）

・コンパクト形蛍光ランプ

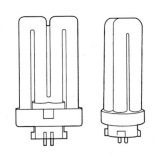

特長：蛍光ランプをU字等に折り曲げたランプ
用途：ダウンライト、学習スタンド
ランプの代表形名（FDL〜、FPL〜、FML〜）

〈放電灯〉

・HIDランプ

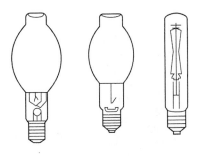

特長：大型であり、ワット数が大きい
用途：工場、体育館、道路
ランプの代表形名（HF〜、MF〜、NH〜）

・メタルハライドランプ

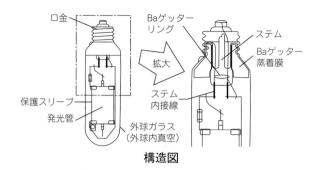

構造図

9　電池の外観等

〈電池の外観〉

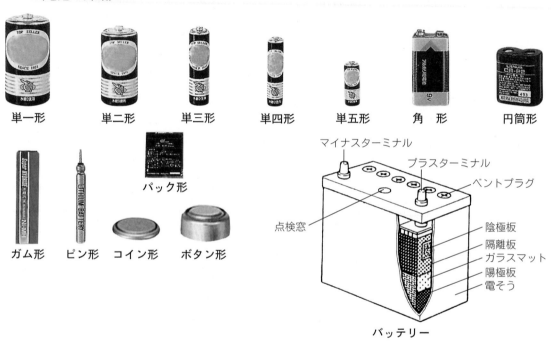

単一形　　単二形　　単三形　　単四形　　単五形　　角　形　　円筒形

パック形

ガム形　ピン形　コイン形　ボタン形

バッテリー

〈電池の構造〉

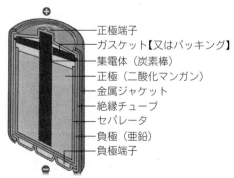

正極端子
ガスケット【又はパッキング】
集電体（炭素棒）
正極（二酸化マンガン）
金属ジャケット
絶縁チューブ
セパレータ
負極（亜鉛）
負極端子

電解液：塩化亜鉛又は塩化アンモニウム

マンガン乾電池

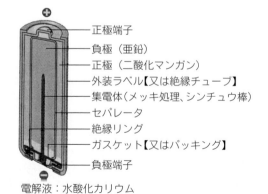

正極端子
負極（亜鉛）
正極（二酸化マンガン）
外装ラベル【又は絶縁チューブ】
集電体（メッキ処理、シンチュウ棒）
セパレータ
絶縁リング
ガスケット【又はパッキング】
負極端子

電解液：水酸化カリウム

アルカリ乾電池

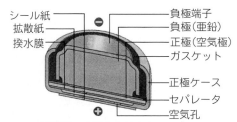

電解液：水酸化カリウム

空気亜鉛電池

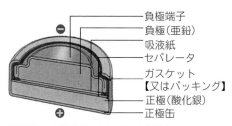

電解液：水酸化カリウム又は水酸化ナトリウム

酸化銀電池

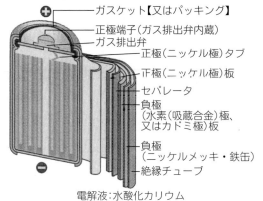

電解液：水酸化カリウム

ニッケル水素電池・ニカド電池

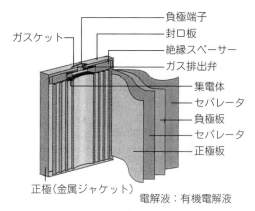

電解液：有機電解液

リチウムイオン二次電池

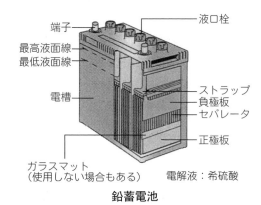

電解液：希硫酸

鉛蓄電池

10　換気扇等の外観

〈台　所〉　　　　　　　　　　　　　　　　〈居　間〉

深形レンジフード

プロペラファン

浅型レンジフード

〈浴　室〉　　　　　〈先端形〉　　　　　〈業務用〉　　　　　〈家庭用〉

　　　　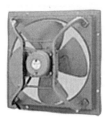　　

有圧扇

換気扇には吸気型と有圧型があり、有圧型は外部から空気を取り入れるタイプである。

〈各種カバー〉

ウェザーカバー　　　ベントキャップ　　　パイプフード

11　ヒータ等の外観

〈投込湯沸器〉

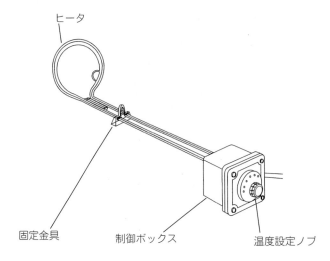

ヒータ

固定金具　　　　　制御ボックス　　　　　温度設定ノブ

〈観賞魚用ヒータ〉

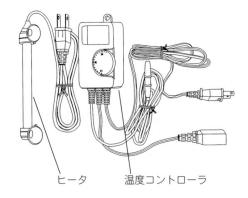

ヒータ　　　　　温度コントローラ

1　需要家まわりの導管の区分

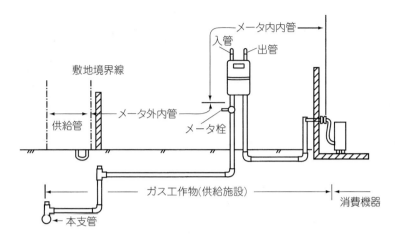

2　ガステーブル

〔構造図〕

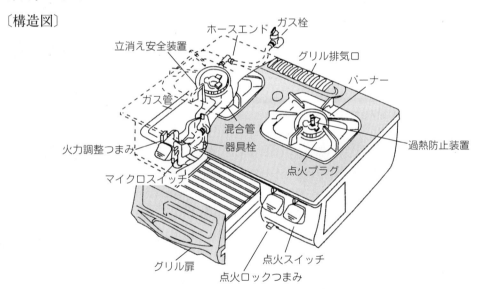

〔点火スイッチの略図〕

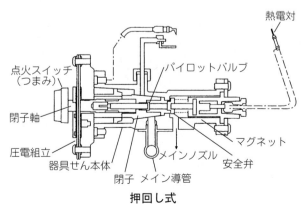

押回し式

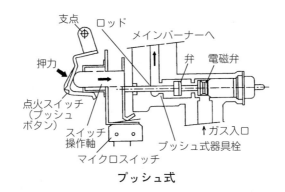

プッシュ式

3　ガス栓

〈ガス栓の種類と外観〉

露出ガスコンセント　LAコンセントヒューズガス栓　LBコンセントヒューズガス栓　LBヒューズガス栓

W露出ガスコンセント　LA2口コンセントヒューズガス栓　LB2口コンセントヒューズガス栓　LBペアヒューズガス栓

埋込ガスコンセント　埋込E付ガスコンセント　床ガスコンセント　壁ヒューズガス栓　床ヒューズガス栓

角型壁貫通ヒューズガス栓　丸型壁貫通ヒューズガス栓

ネジガス栓

L：直角に曲がったタイプのガス栓
　　このタイプのガス栓製造時、古いタイプの形状のガス栓と区別するために付けた記号。
A：ガス放出口が「横向き」のガス栓
B：ガス放出口が「下向き」のガス栓
E：電源コンセントのこと。
コンセント：接続部の2形状（コンセント型とガスホース型）のうち、コンセント型のこと。迅速継
　　　　　　手を使用する接続部。
ヒューズ：ヒューズボール（過流出防止装置）があるもの。

〈ガス栓の構造例〉

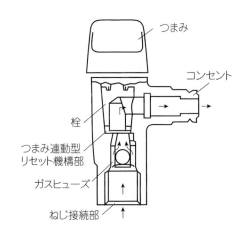

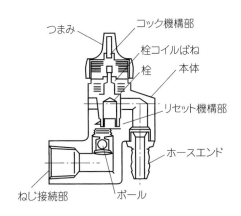

(a)　コンセント型ヒューズコック
　　　（ボール式）

(b)　ホースエンド型ヒューズコック
　　　（ボール式）

（参考）　ヒューズコックにはボール式の他に次図のような方式のものがある。

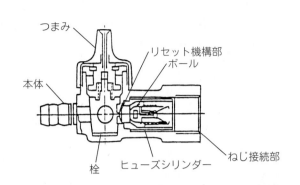

(c)　アダプター式ヒューズコック

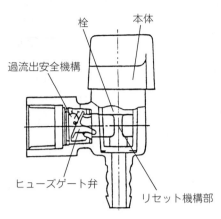

(d)　弁式ヒューズコック

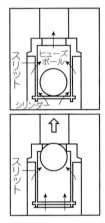

通常使用時
ガスはシリンダー
のスリットを通過
する。

作動時
過大な流量のガス
が流れると、ボー
ルが浮き上がり、
通過孔をふさぐ。

ガスの流れ

4　接続具の種類と外観

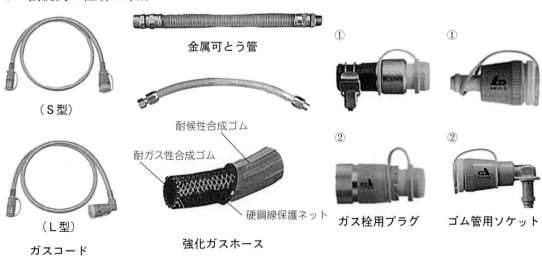

（S型）

金属可とう管

①　　　　　①

（L型）

ガスコード

耐候性合成ゴム

耐ガス性合成ゴム

硬鋼線保護ネット

強化ガスホース

②　　　　　②

ガス栓用プラグ　　　ゴム管用ソケット

ゴム管用プラグ　　器具用スリムプラグ　　器具用ソケット　　　バネ式

ゴム管止（ゴム管バンド）　　ネジ式

> 　ガスコード、ガスホース、プラグなどの表面には、「製造業者略号、呼び径、製造年、製造番号など」が印字、刻印されている。

5　各種安全装置

〈立消え安全装置〉

　立消え安全装置は、ガス・石油機器を使用中、万一バーナーの火が消えても燃料の流出を防止するための安全装置である。

ア　熱電対式　　　　　　　　　　　　　　　イ　フレームロッド式炎検知回路

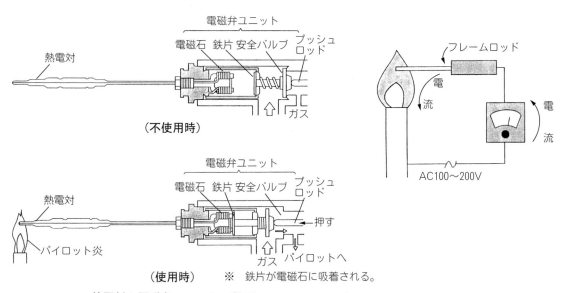

熱電対と電磁弁ユニットの断面

ウ　熱電対式炎検知回路（熱起電力増幅回路）

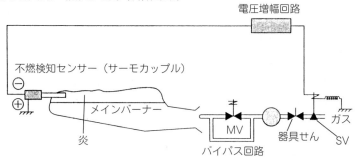

〈過熱防止装置〉

　過熱防止装置は、機器の異常な温度を検知し燃料を遮断するものである。

ア　バイメタル式　　　　　　　　　　イ　温度ヒューズ式

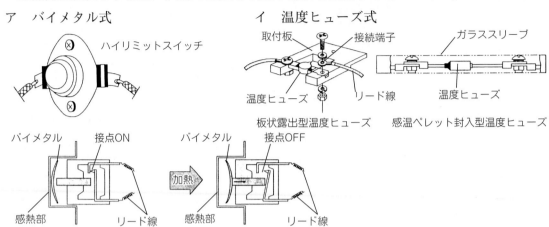

一般的に使われているバイメタル式の例

〈空焚き防止装置〉

　空焚き防止装置は風呂釜特有のもので、浴槽の水位又は流量を検知する装置である。

ア　水位スイッチ

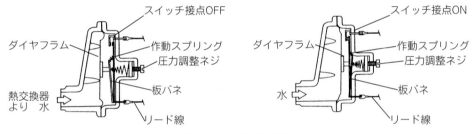

水位スイッチ作動図例

イ　流水スイッチ

　流水スイッチは、強制循環式の風呂循環回路に付いており、ON・OFF には次の 2 種類がある。

　　(ア)　マグネット式　　　　　　　(イ)　ダイヤフラム式

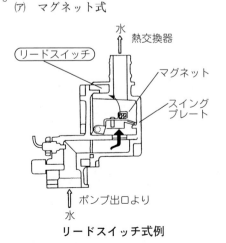

リードスイッチ式例

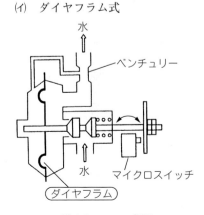

ダイヤフラム式例

〈温度制御装置〉

　フライヤー、オーブン等には、油温や庫内温等を一定に保つためにガス量を自動的に調
節する温度制御装置が取り付けられている。

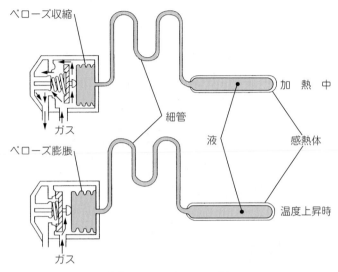

ベローズ式サーモスタットの例

6　LPガス設備

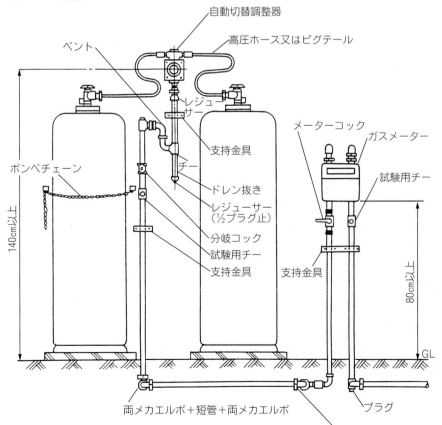

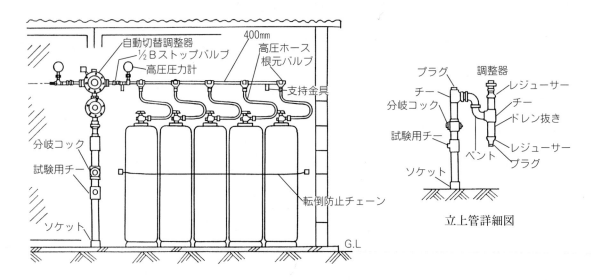

立上管詳細図

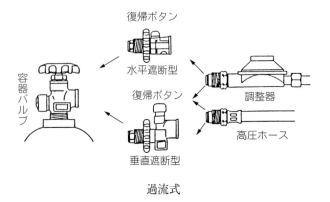

過流式

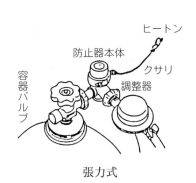

張力式

ガス放出防止器の例

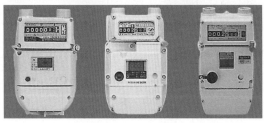

マイコンメータ

①	口火	口火登録の有無の表示
②	▭	自動設定機能の作動状態の表示
	L·M·S	増加流量遮断の遮断区分の表示
	⇧	使用時間遮断の設定値の表示
③	♦♦	ガスメータ内を流れている流量の表示
④	ⒶⒷⒸ	遮断理由、警告理由などの表示
⑤	ガス止	遮断弁の作動状況の表示
⑥	P·R	圧力監視に関する表示
⑦	⚡✕	ガス漏れ警報器電源プラグ抜け警告表示
⑧	🛢	残量管理、ボンベリセット信号の受付に関する表示

マイコンメータ表示

7　ガス容器の各部名称・刻印例

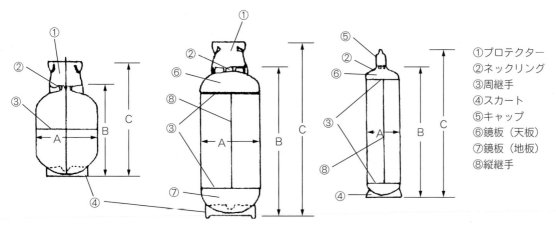

①プロテクター
②ネックリング
③周継手
④スカート
⑤キャップ
⑥鏡板（天板）
⑦鏡板（地板）
⑧縦継手

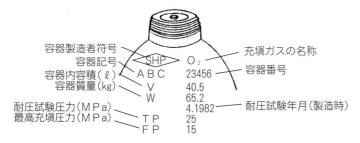

容器製造者符号　　　　　　　　充塡ガスの名称
容器記号　　〈SHP〉　O₂
容器内容積（ℓ）　A B C　23456　　容器番号
容器質量（kg）　V　40.5
　　　　　　　　W　65.2
耐圧試験圧力（MPa）　　　　4.1982　　耐圧試験年月（製造時）
最高充塡圧力（MPa）　TP　25
　　　　　　　　　FP　15

酸素容器の刻印例

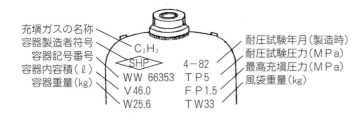

充塡ガスの名称
容器製造者符号　　C₂H₂　　　　　　　耐圧試験年月（製造時）
容器記号番号　　〈SHP〉　　　　　　耐圧試験圧力（MPa）
容器内容積（ℓ）　WW 66353　4-82　最高充塡圧力（MPa）
容器重量（kg）　V 46.0　　TP5　　風袋重量（kg）
　　　　　　　W 25.6　　FP1.5
　　　　　　　　　　　　TW33

アセチレン容器の刻印例

ガス容器色彩区分

充　塡　ガ　ス　の　名　称	塗　色
酸　　　　　　　　　　素	黒　色
ア　セ　チ　レ　ン	褐　色
水　　　　　　　　　　素	赤　色
炭　　酸　　ガ　　ス	緑　色
ア　ン　モ　ニ　ア	白　色
塩　　　　　　　　　　素	黄　色
液化石油ガスその他のガス	鼠　色

〈石油ストーブ〉

〔外観図〕

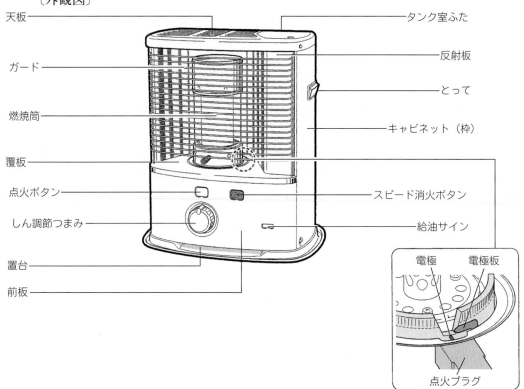

天板 — ／ ＼ — タンク室ふた
　　　　　　　　　　　　　　　　反射板
ガード — ／ ＼ — とって
燃焼筒 — キャビネット（枠）
覆板 —
点火ボタン — スピード消火ボタン
しん調節つまみ — 給油サイン
置台 —
前板 —

電極　電極板

点火プラグ

〔構造図〕

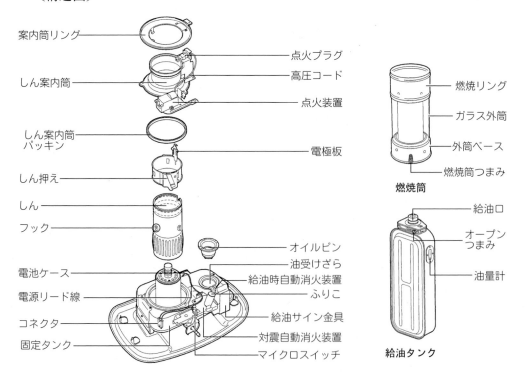

案内筒リング — ／ ＼ — 点火プラグ
しん案内筒 — 高圧コード
　　　　　　　　　　　　点火装置
しん案内筒
パッキン — 電極板
しん押え —
しん —
フック —
　　　　　　　　　　　オイルピン
電池ケース — 油受けざら
　　　　　　　　　　　給油時自動消火装置
電源リード線 — ふりこ
コネクタ — 給油サイン金具
固定タンク — 対震自動消火装置
　　　　　　　　　　　マイクロスイッチ

燃焼リング
ガラス外筒
外筒ベース
燃焼筒つまみ

燃焼筒

給油口
オープン
つまみ
油量計

給油タンク

〈石油ファンヒータ〉

○強制通気形　開放式　石油ストーブ　気化式

〔構造図〕

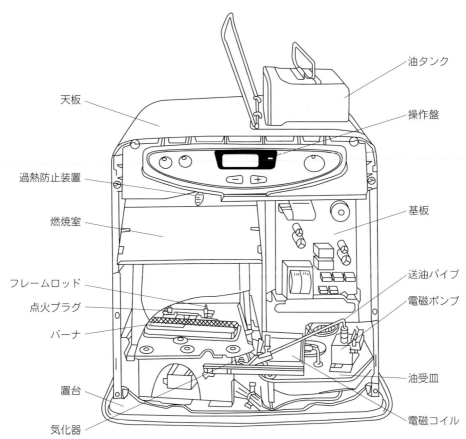

油タンク
操作盤
天板
過熱防止装置
基板
燃焼室
フレームロッド
点火プラグ
バーナ
送油パイプ
電磁ポンプ
置台
油受皿
気化器
電磁コイル

〔作動原理図〕

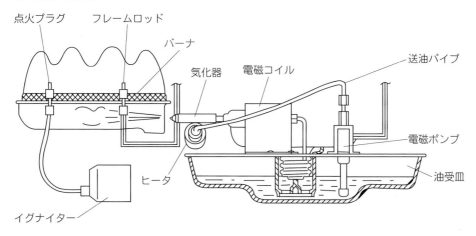

点火プラグ　フレームロッド
バーナ
気化器　電磁コイル
送油パイプ
電磁ポンプ
ヒータ
油受皿
イグナイター

家具関係

1　たんす・戸棚類の分類例

```
┌─ たんす ─┬─ 和たんす ─┬─ 衣裳たんす
│          │            ├─ 整理たんす（和式）
│          │            └─ その他のたんす
│          ├─ 洋たんす ─┬─ 洋服たんす
│          │            ├─ システム収納たんす
│          │            ├─ 育児たんす（ベビータンス）
│          │            └─ その他の洋たんす
│          └─ 整理たんす
│
└─ 戸棚 ─┬─ 飾り戸棚
         ├─ 書籍戸棚（本箱を含む。）
         ├─ サイドボード（カップボード）
         ├─ 食器戸棚
         ├─ 茶棚（茶だんす）
         ├─ 整理戸棚類
         ├─ 陳列戸棚
         └─ その他
```

2　たんす・戸棚類の構成・各部名称

〈たんすの各部名称例（収納たんす）〉

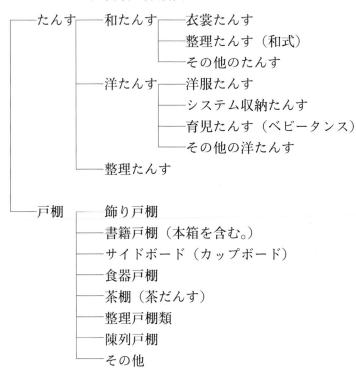
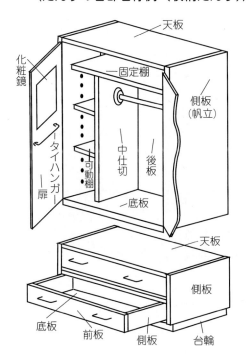

　たんす、戸棚類は、一般に箱部、支輪、台輪、引出、戸棚などから構成されている。

　箱部は、天板、側板、底板、後（裏）板で構成され、その中に棚板、引出などが作られている。

　台輪は、最下部に設置され箱部を床面から高くする機能がある。

　支輪は、最上部に取り付けられて装飾となる。

〈戸棚の各部名称例〉

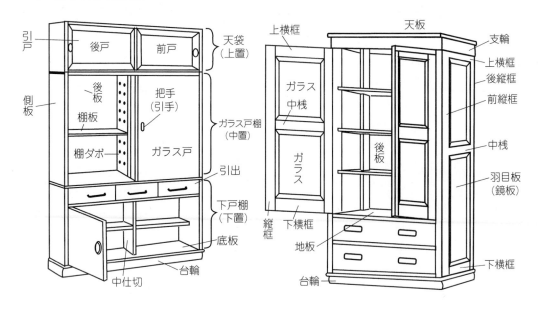

・ダボ（太ほ）：木材などを接ぐため、両方の材にまたがってはめ込んだ小片。
・前戸、後戸　：２枚の引戸のうち、向かって手前を「前戸」、奥を「後戸」と区別する。

3　たんす・戸棚類の外観例

洋服たんす（ワードローブ）

整理たんす（チェスト）

飾り戸棚（洋風）

飾り戸棚（和風）

サイドボード

食器棚

　○○ローブ、○○キャビネット、○○ボード、○○ボックスなど商品名は無数にあるが、現場見分調書作成時は、用途、特徴、大きさなどをとらえて「洋服たんす、整理タンス、飾り戸棚（飾り物を入れておく戸棚）、テレビ台、テレビ台兼用食器棚…」などと記載すればよい。

1　机・テーブル（卓子）の分類例

- 机
  - 座机
    - 平机
    - 片袖机
    - 両袖机
    - その他の座机
  - 立机
    - 平机
    - 片袖机
    - 両袖机
    - 脇机
    - 学童机
    - 作業用机
    - ライティングデスク（ビューロー机）
    - 製図机
    - その他の立机
  - 学校用机
    - 普通教室用机
    - 図書室用机
    - 理科実験机（理科実験台）
    - 音楽用机
    - 美術工芸用机
    - 工作用机（技術科用机）
    - 被服実習用机
    - 調理用机
    - その他の学校用机
- テーブル（卓子）
  - 座卓
    - 応接用座卓
    - 食事用座卓
    - ゲーム用座卓
    - その他の座卓
  - 立卓
    - 応接テーブル（リビングテーブル）
    - ティーテーブル（茶卓子）
    - サイドテーブル（脇卓子）
    - コーナーテーブル（隅卓子）
    - 食堂テーブル（ダイニングテーブル）
    - 会議用テーブル
    - その他の立卓

平机

片袖机

両袖机

脇机

ライティングデスク

2　机の構成・各部名称

机の基本構造は、天板（甲板）、袖、幕板、脚部で構成される。

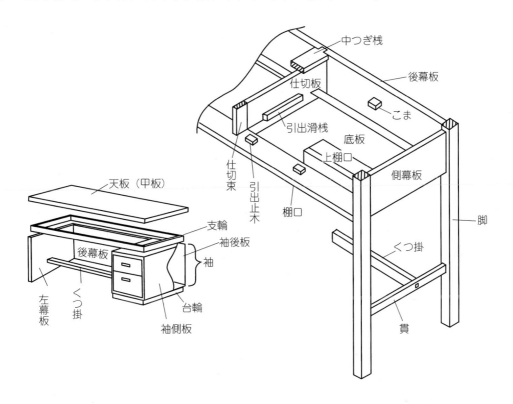

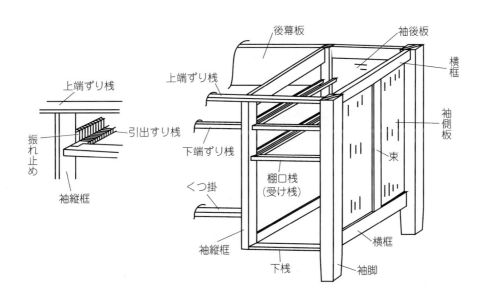

3　テーブル（卓子）の構成・各部名称

テーブルの基本構造は、天板（甲板）、脚部、幕板で構成されている。

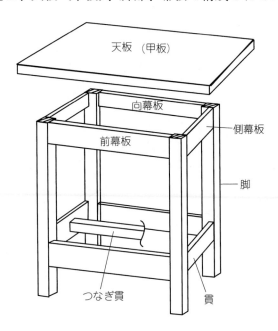

4　テーブルの機能別外観

ネスト（組）テーブル

はね上げテーブル

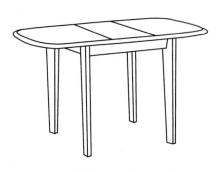

伸縮テーブル

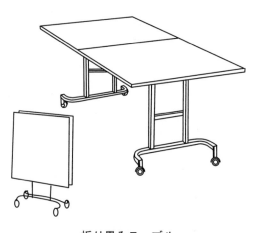

折り畳みテーブル

1　椅子・腰掛の分類例

```
├─ソファ
├─腰　掛（スツール）＝寄り掛かりのない椅子
├─座椅子
├─小椅子
├─肘掛椅子
├─長椅子（ソファベンチを含む。）
├─寝椅子
└─乳幼児用椅子
```

2　椅子の構造・各部名称

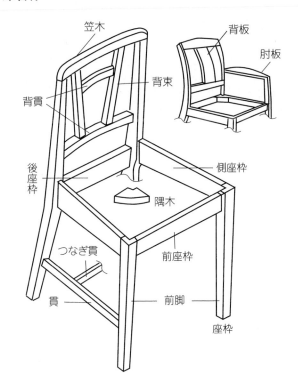

3　椅子・腰掛の外観

肘付椅子

肘無椅子

子供椅子

ベンチ

腰掛（スツール）

座椅子

高座椅子

4　ソファの種類・構造・各部名称

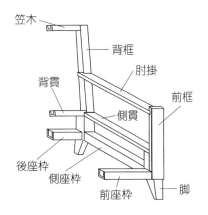

笠木
背框
肘掛
背貫
前框
側貫
後座枠
側座枠
前座枠
脚

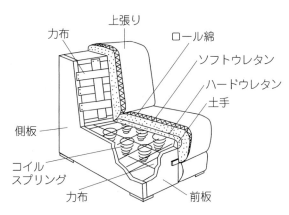

力布
上張り
ロール綿
ソフトウレタン
ハードウレタン
土手
側板
コイル
スプリング
力布
前板

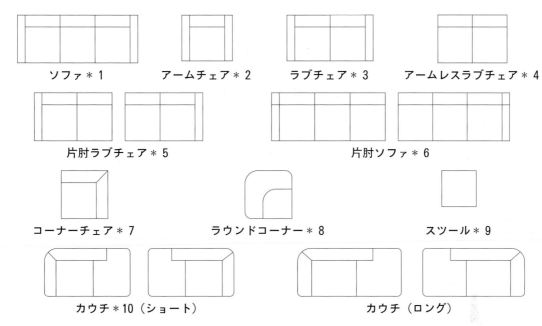

ソファ＊1　　アームチェア＊2　　ラブチェア＊3　　アームレスラブチェア＊4

片肘ラブチェア＊5　　　　　　　　片肘ソファ＊6

コーナーチェア＊7　　ラウンドコーナー＊8　　スツール＊9

カウチ＊10（ショート）　　　　　　カウチ（ロング）

ソファ＊1＝長椅子

アームチェア＊2＝「肘掛け」のある椅子

ラブチェア＊3＝二人掛け椅子

アームレスラブチェア＊4＝「肘掛け」のない二人掛け椅子

片肘ラブチェア＊5＝左右の一方に「肘掛け」のある二人掛け椅子

片肘ソファ＊6＝左右の一方に「肘掛け」のある長椅子

コーナーチェア＊7＝L字形のソファの「隅」にある椅子

ラウンドコーナー＊8＝コーナーチェアで角が丸い椅子

スツール＊9＝腰掛け（寄り掛かりのない椅子：しょうぎ、三脚など）

カウチ＊10＝「背もたれ」が一部ないタイプで、寝椅子のこと。

1　ベッドの分類例

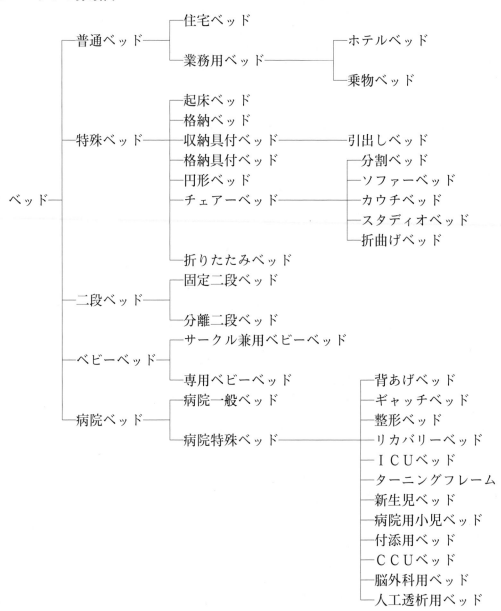

○普通ベッド

シングルクッションタイプ

ダブルクッションタイプ

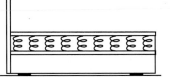
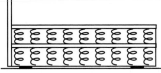

① シングルクッションタイプ ② ダブルクッションタイプ

① シングルクッションタイプ＝マットレスだけのクッション
② ダブルクッションタイプ＝マットレスをのせるボトムにもクッション性を持たせたタイプ

○起床ベッド

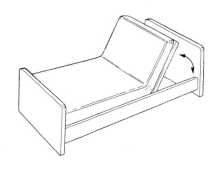
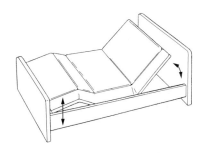

○格納ベッド

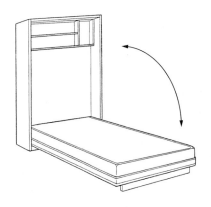

○収納具付ベッド

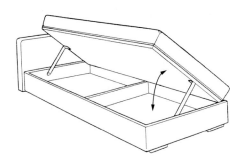

○引出しベッド

引手　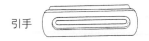　　引手　

つまみ　　　　　

○格納具付ベッド　　　　　　　　○円形ベッド

○カウチベッド　　　　　　　　　○スタジオベッド

ボルスター

ボルスター

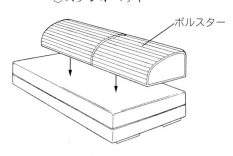

ボルスター

○ソファーベッド

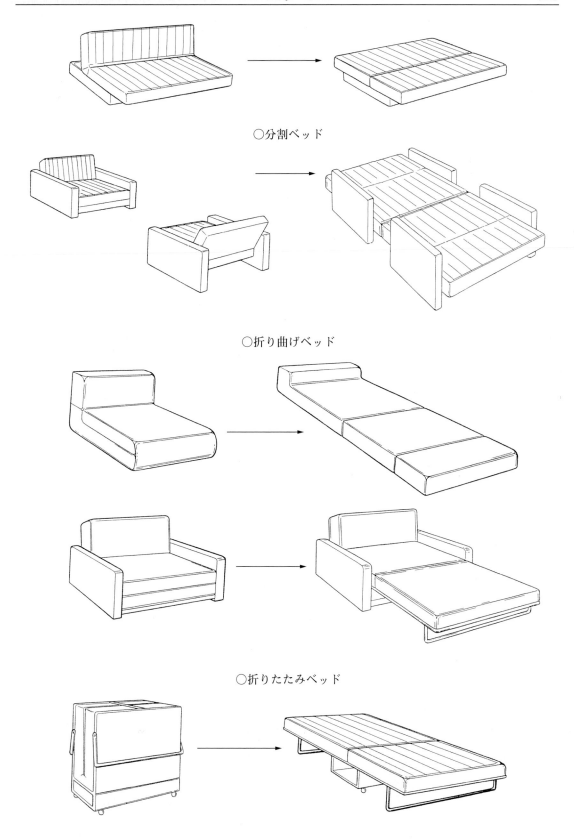

○分割ベッド

○折り曲げベッド

○折りたたみベッド

○固定２段ベッド

○分離２段ベッド

○サークル兼用ベビーベッド

○専用ベビーベッド

○病院一般ベッド

○背上げベッド

前脚　　　　　　　後脚

キャスター

○ギャッチベッド

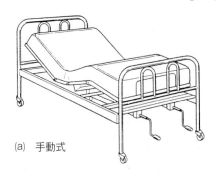

(a)　手動式

(b)　電動式

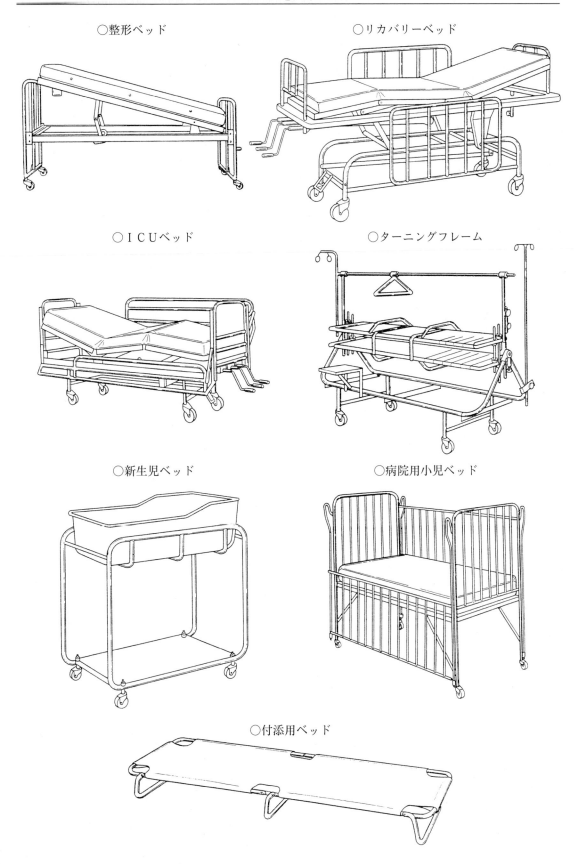

○整形ベッド

○リカバリーベッド

○ICUベッド

○ターニングフレーム

○新生児ベッド

○病院用小児ベッド

○付添用ベッド

○棚付きタイプ

○ウインザータイプ

○張りぐるみタイプ

○移動式タイプ

キャスター

2　ベッドの構成

○普通ベッド　　　　　　　　　　　　○２段ベッド

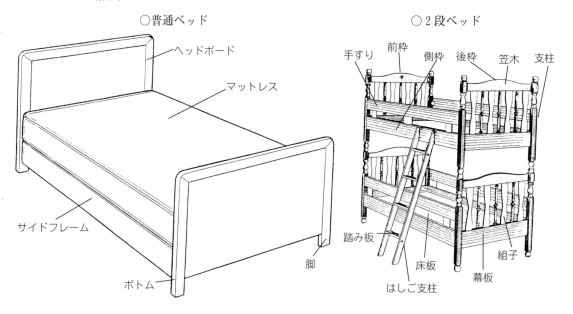

ヘッドボード

マットレス

サイドフレーム

脚

ボトム

手すり　前枠　側枠　後枠　笠木　支柱

踏み板　床板　幕板　組子

はしご支柱

○ベビーベッド

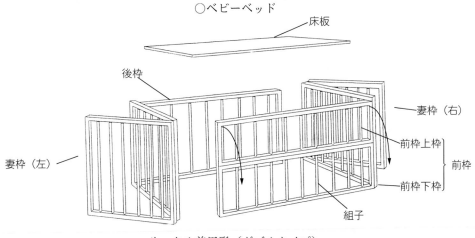

床板
後枠
妻枠（右）
妻枠（左）
前枠上枠
前枠
前枠下枠
組子

サークル兼用形（ダブルタイプ）

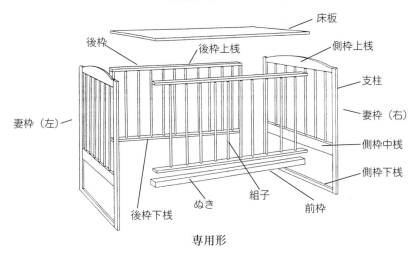

床板
後枠
後枠上桟
側枠上桟
支柱
妻枠（左）
妻枠（右）
側枠中桟
側枠下桟
後枠下桟
ぬき
組子
前枠

専用形

○病院ベッド

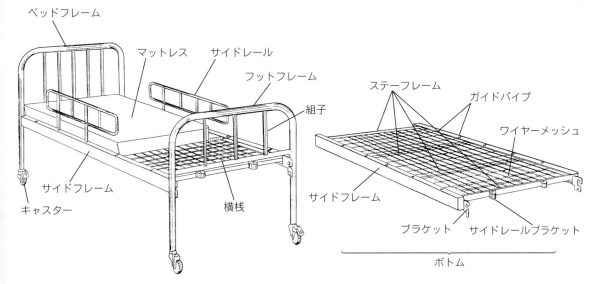

ベッドフレーム
マットレス
サイドレール
フットフレーム
ステーフレーム
ガイドパイプ
組子
ワイヤーメッシュ
サイドフレーム
サイドフレーム
キャスター
横桟
ブラケット
サイドレールブラケット
ボトム

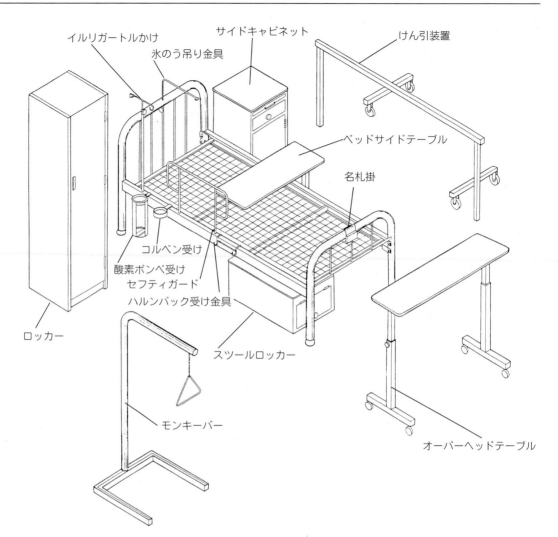

イルリガートルかけ

サイドキャビネット

けん引装置

氷のう吊り金具

ベッドサイドテーブル

名札掛

コルベン受け

酸素ボンベ受け

セフティガード

ハルンバック受け金具

ロッカー

スツールロッカー

モンキーバー

オーバーヘッドテーブル

3 ヘッドボード（フットボード）の種類・名称等

○棚付きヘッドボード（フットボード）

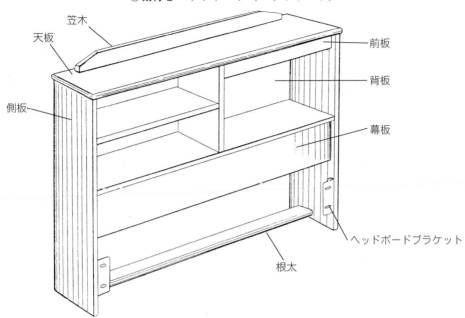

笠木
天板
前板
背板
側板
幕板
ヘッドボードブラケット
根太

○木彫りヘッドボード（フットボード）

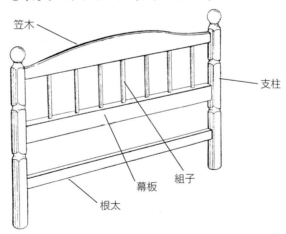

笠木
支柱
幕板　組子
根太

○張りぐるみヘッドボード（フットボード）

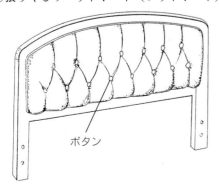

ボタン

○フラッシュヘッドボード（フットボード）

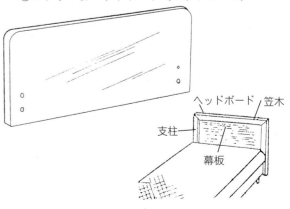

ヘッドボード　笠木
支柱
幕板

4　マットレス

〈マットレスの種類〉

○折りたたみマットレス

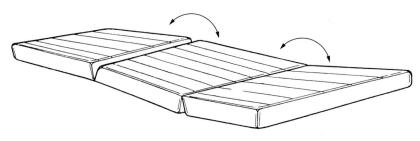

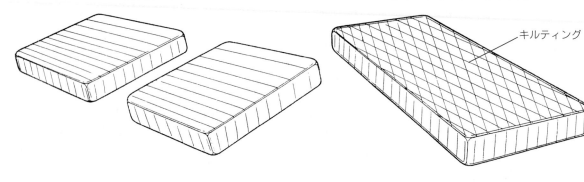

○分割マットレス　　　　　　　　　○キルティングマットレス

キルティング

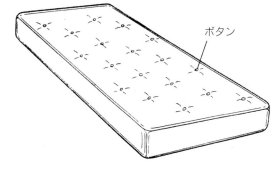

○ボタン締めマットレス　　　　　　○スムーズマットレス

ボタン

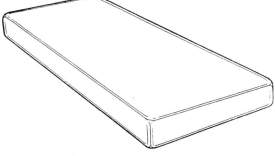

他の分類例

○一本マットレス

○スプリングマットレス

○フォームマットレス

○コットンマットレス

○パームマットレス

○エアーマットレス

○ウォータマットレス

〈マットレスの各部名称〉

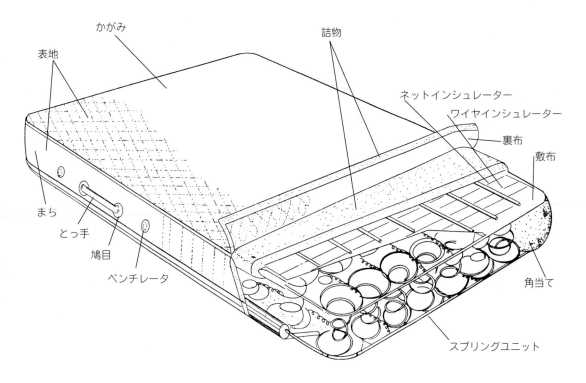

表地 / かがみ / 詰物 / ネットインシュレーター / ワイヤインシュレーター / 裏布 / 敷布 / まち / とっ手 / 鳩目 / ベンチレータ / 角当て / スプリングユニット

詳細
（テンショントップマットレス）

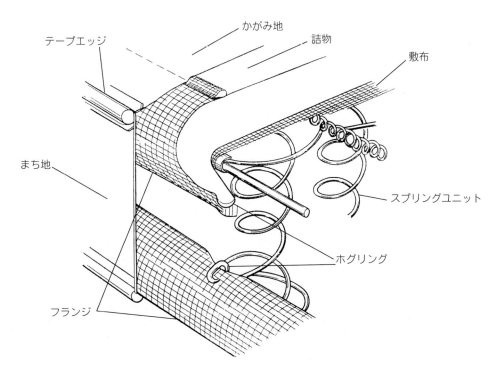

テープエッジ / かがみ地 / 詰物 / 敷布 / まち地 / スプリングユニット / ホグリング / フランジ

〈マットレスの大きさの例〉

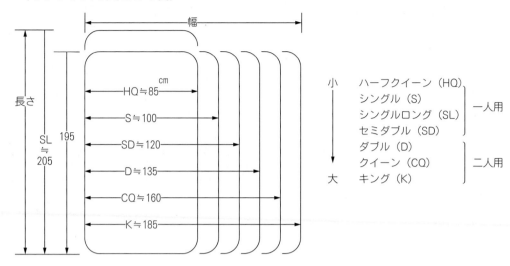

小　ハーフクイーン（HQ）
　　シングル（S）
　　シングルロング（SL）　　　一人用
　　セミダブル（SD）
　　ダブル（D）
　　クイーン（CQ）　　　　　二人用
大　キング（K）

5　ボトム

〈ボトムの種類〉

○スプリングボトム

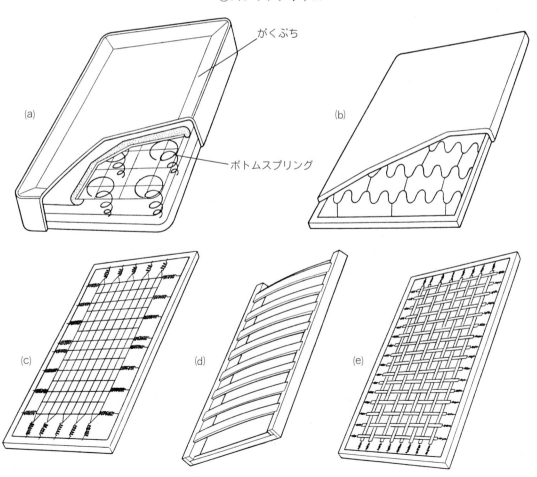

○ゴムボトム

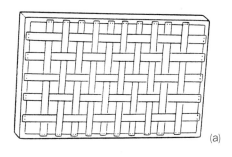

(a)

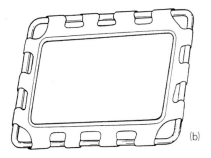

(b)

○鋼板製ボトム

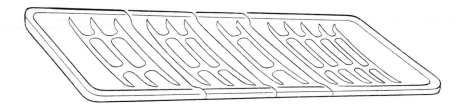

○床板

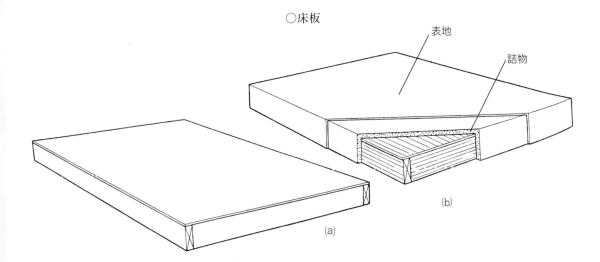

表地

詰物

(b)

(a)

○すのこ

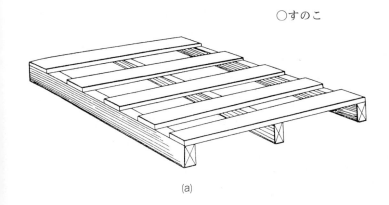

(a)

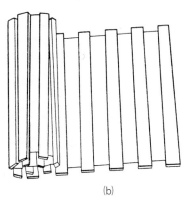

(b)

○ワイヤボトム

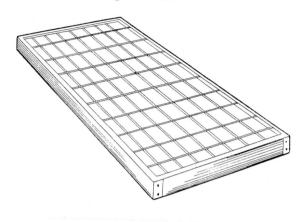

〈ボトムのスプリングユニット〉

ボディスプリング

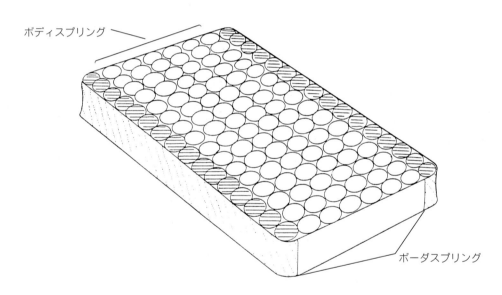

ボーダスプリング

クロスワイヤ

ヘリカルスプリング

エッジスプリング

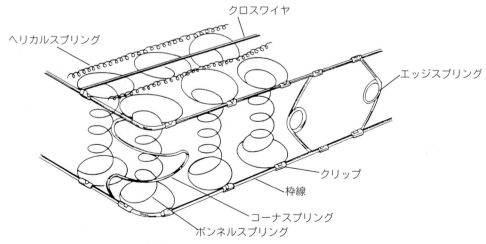

クリップ

枠線

コーナスプリング

ボンネルスプリング

〈ダブルクッションタイプ〉

ボトムの各部名称

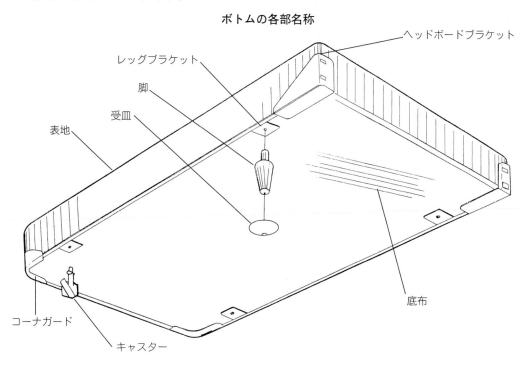

〈シングルクッションタイプ〉

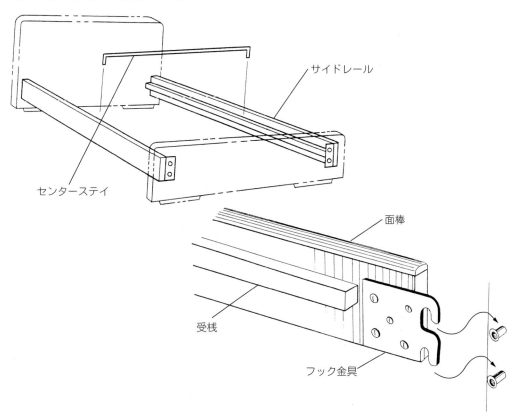

6　ベッドの位置・方向の呼び方

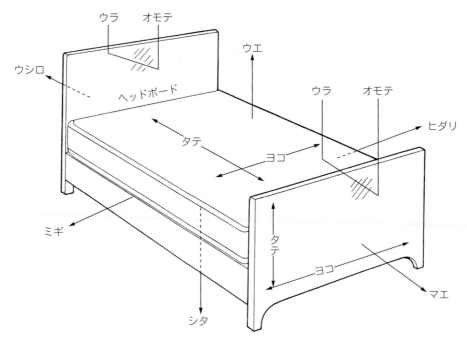

7　ベッド用品

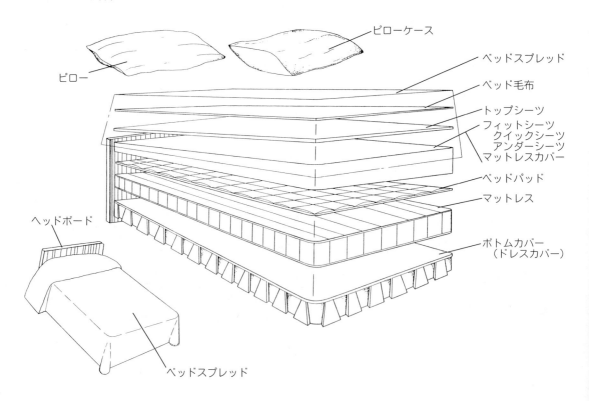

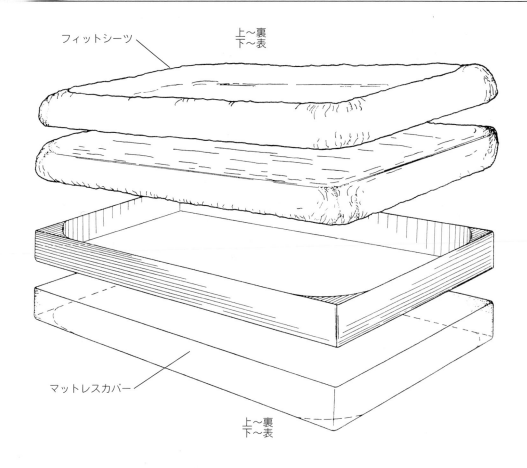

フィットシーツ

上〜裏
下〜表

マットレスカバー

上〜裏
下〜表

（図は両折のもので、片側だけのものもある）

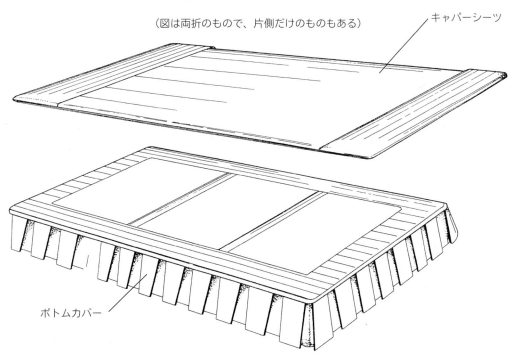

キャパーシーツ

ボトムカバー

1 スチール棚の外観例

長尺保管棚 開放棚 背板・側板付棚

前当たり棚 仕切付棚 引出付棚

2 スチール棚の各部名称

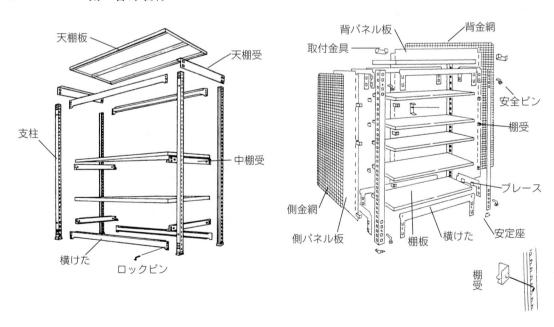

天棚板　天棚受　支柱　中棚受　横けた　ロックピン

背パネル板　背金網　取付金具　安全ピン　棚受　ブレース　安定座　側金網　側パネル板　棚板　横けた　棚受

部屋別の物品等

1　浴室の例と用具

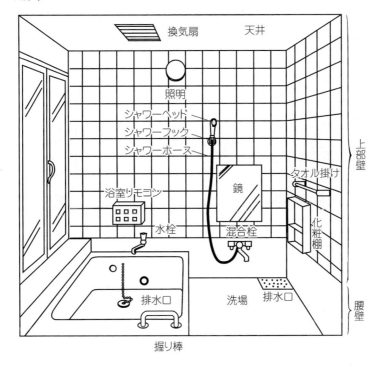

換気扇　天井　照明　シャワーヘッド　シャワーフック　シャワーホース　上部壁　タオル掛け　浴室リモコン　鏡　水栓　混合栓　化粧棚　排水口　洗場　排水口　腰壁　握り棒

浴室の例

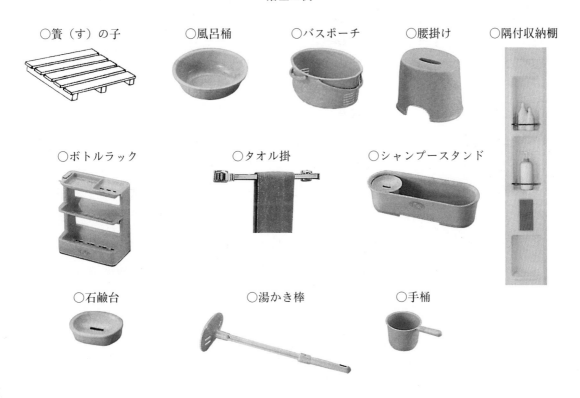

○簀（す）の子　　○風呂桶　　○バスポーチ　　○腰掛け　　○隅付収納棚

○ボトルラック　　○タオル掛　　○シャンプースタンド

○石鹸台　　○湯かき棒　　○手桶

用具

2　風呂給湯器・風呂釜の設置例

風呂給湯器例

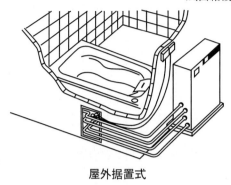

屋外据置式

屋外壁掛式

風呂釜例

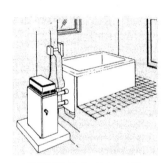

屋外据置式（RFの例）

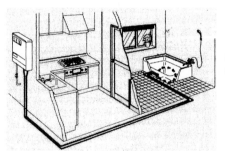

屋外壁掛式（RFの例）

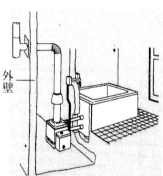

浴室外据置式（CFの例）

浴室内据置式（CFの例）

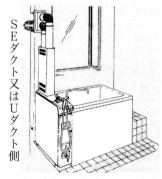

浴室内据置式（BFDPの例）

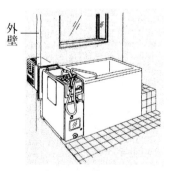

浴室内据置式（BFの例）

風呂釜の種類（給排気方式）

給排気方式		区　分　内　容	呼　称	略　号	設置場所
半密閉式	自然排気式	燃焼用空気を室内から供給し、燃焼廃ガスは自然通気力（ドラフト）によって排気筒から屋外に放出する。	排気筒式	CF Conventional Flue	屋内
	強制排気式	燃焼用空気を室内から供給し、燃焼廃ガスは排気ファンで強制的に屋外に放出する。	強制排気式	FE Forced Exhaust	
密閉式	自然給排気式	給排気筒を屋外に出し、自然通気力によって給排気を行う。	バランス外壁式	BF−W Balanced Flue	
		給排気筒を専用給排気筒（チャンバ）内に接続し、自然通気力によって片廊下に給排気を行う。	バランスチャンバ式	BF−C	
		給排気筒を共用給排気筒（Uダクト又はSEダクト）内に接続し、自然通気力によって片廊下に給排気を行う。	バランスダクト式	BF−D	
	強制給排気式	給排気筒を外気に接する壁を貫通して屋外に出し、ファンにより強制的に給排気を行う。	強制給排気式	FF−W Forced Draught Balanced Flue	
屋　外　式		屋外に設置する器具	屋外式	RF Roof top Flue	屋外

3　浴　槽

〈浴槽の設置方式（据置方式、エプロン形状）〉

─据 置 式：床面に置くだけの設置方法。

─半埋込式：洗い場の床面から浴槽の縁までの高さが35cm±5cm程度になるように、浴槽を床に埋め込む設置方法。

─埋 込 式：洗い場の床面から浴槽の縁までの高さが5〜10cm程度になるように、浴槽を床に埋め込む設置方法。

─落とし込み式：据置式の浴槽を、洗い場床面より一段下げる設置方法。

据置式

1方全エプロン

2方全エプロン

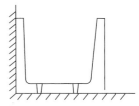

半埋込式

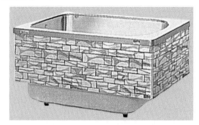

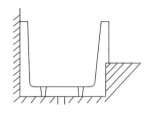

1方半エプロン　　　　　　　　　2方半エプロン

半埋込式

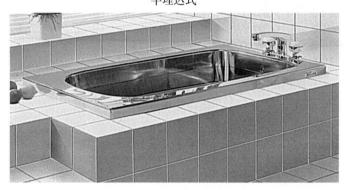

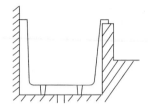

埋込式　　　　　　　落とし込み式　　　●その他の浴室例

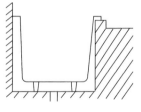

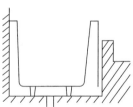

○ユニットバス：工場で、浴槽、床、壁、
　　　　　　　　天井などを一体として
　　　　　　　　作った浴室。

○システムバス：多機能、高品質の風呂

ノーエプロン

〈浴槽の付加機能〉

ジェット（泡と高圧水流を噴射）機能、ろ過機能

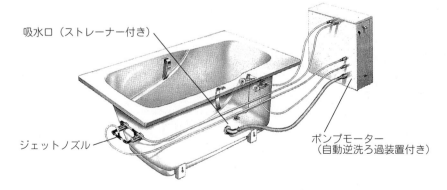

吸水口（ストレーナー付き）

ジェットノズル

ポンプモーター
（自動逆洗ろ過装置付き）

〈浴槽の各部名称〉

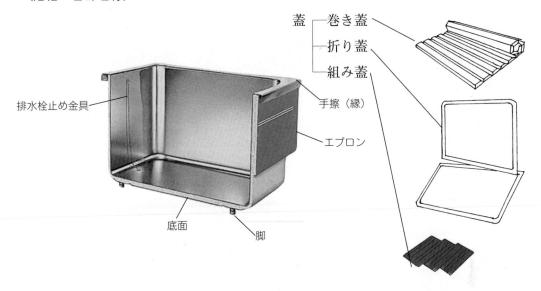

底面（底部）

〈浴槽の大きさの表示方法〉

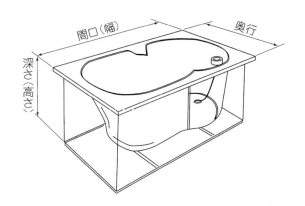

〈浴槽の材質例〉

木：日本では古来からあり、現在でも使用されている。

ＦＲＰ：耐熱性の高いポリエステル樹脂にガラス繊維を使用して成形したもの。

ステンレス：ステンレス鋼板を使用したもの。

鋳物ホーロー：鋳物の表面にホーロー加工（約2㎜）したもの。

その他：ＦＲＡ、人造大理石、メタアクリレート樹脂、タイル、鋼板ホーロー、鋳物、ポ
　　　　リプロピレン

4 水栓

〈水栓の外観〉

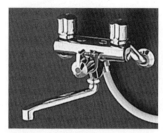
壁付2バルブシャワー混合水栓

台付サーモスタットシャワー混合水栓

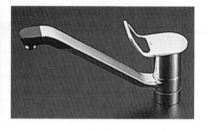
台付2バルブ混合水栓

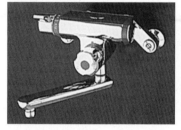
壁付サーモスタット混合水栓

壁付2バルブ混合水栓

台付シングルレバー水栓

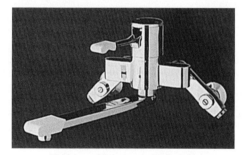
壁付シングルレバー混合水栓

〈水栓の種類〉

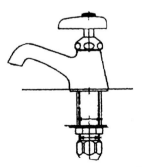
立水栓

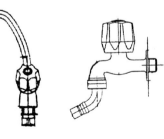
横水栓

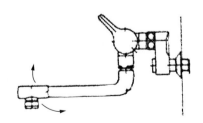
自在水栓

〈水栓の各部名称〉

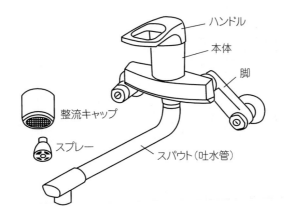

ハンドル

本体

脚

整流キャップ

スプレー

スパウト（吐水管）

1　流し台周囲の設備

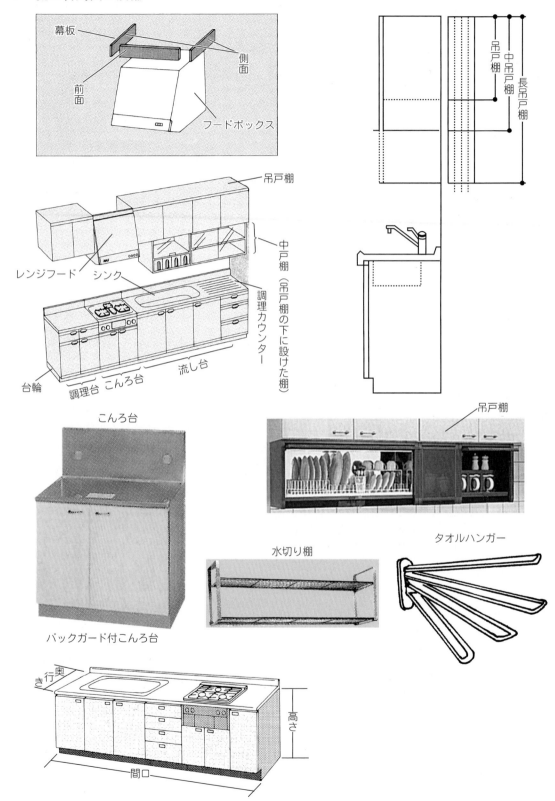

幕板

側面

前面

フードボックス

吊戸棚

中吊戸棚

吊戸棚

長吊戸棚

吊戸棚

レンジフード　シンク

中戸棚（吊戸棚の下に設けた棚）

調理カウンター

台輪　調理台　こんろ台　流し台

こんろ台

吊戸棚

水切り棚

タオルハンガー

バックガード付こんろ台

奥行き

高さ

間口

2　台所用品

〈流しの上〉

水切プレート

水切カゴ

クリーナー
ケース

三角コーナー

〈鍋、釜、やかん類〉

寸胴鍋（ずんどうなべ）

半寸胴鍋

土鍋（どなべ）

両手中華鍋

深形片手鍋　　　　　　　　浅形片手鍋

片手北京鍋

いため鍋

縦柄親子鍋

横柄親子鍋

行平鍋

やっとこ鍋　　　　　フライパン　　　　　　　　　ステーキパン

- **中華鍋**：鍋底が丸い鍋で、柄は本体にネジなどで取り付けたもの。
- **北京鍋**：中華鍋に似ているが、本体と柄が一体成形となっているもの。
- **親子鍋**：親子丼や玉子丼を作る鍋
- **行（雪）平鍋（ゆきひらなべ）**：鍋底が平らで通常、柄と注ぎ口のある鍋。注ぎ口が一つのものは「片口」と、二つのものは「両口」と冠唱し区別する。
- **やっとこ鍋**：柄や把手がなく「やっとこ」でつかむ鍋
- **各種パン**：フライパン、オイルパン、オムレツパンなど、用途に応じた名称がついている。
- **鍋とパンの区別**：鍋の深さが浅く、形状が上記のようなものをパンと言っている。
- **材質別商品名の例**：ステンレス鍋、鉄鍋、銅鍋、超耐熱ガラス鍋、耐熱ホーロー鍋、アルミ鍋、ガラス鍋、ホーロー鍋
- **模様のある商品名の例**：打出鍋（金属を裏から打って模様を表に出した鍋）

文章表現は、「形状、材質、柄、把手、注ぎ口、蓋、用途、本体模様など」をとらえ、それと特定できるようにする。

やかん　　　　　　　ケトル　　　　　　　　　ケトル

湯沸かし、やかん、ケトル、ポットなど呼び方は多様であるが、同一場所に複数あって区別する必要がある場合は、「形状、材質、柄、把手、本体模様など」で、それと特定できるようにする。

〈ボール、すり鉢、せいろ（蒸籠）、蒸し器、裏漉、篩〉

| ボール | 穴明きボール | メッシュボール | 米とぎボール |

- **ボール**：料理の材料を混ぜたり、洗い物をしたりするとき使う深い鉢
- 同一場所に複数あって区別する必要がある場合は、「形状、材質、蓋、用途、本体模様など」で、それと特定できるようにする。

すり鉢　　蒸し器　　すりこぎ

裏漉

せいろ　　篩

- **せいろ**：釜などの上に載せて、赤飯などを蒸す器具。枠の底に「すだれや簀の子」を敷いたもの。
- **蒸し器**：底に水を入れ、その上に「すだれや簀の子」を敷き，食物を蒸す器具
- **裏漉**：曲物などの底にごく細かい網、布等を張って、裏からイモやアンなどをこす道具
- **篩**：中に入れた粉、砂などを振り動かして、細かい物と粗い物とを仕分ける道具。曲物などの底に網を張ったもの。

〈料理つまみ具、へら、お玉、味噌こし類〉

炭ばさみ

天ぷらばさみ

サラダトング　スパゲティトング

料理つまみ具の商品名は、「はさみ」、「トング」、「サーバー」など多数あるが、「はさみ」に「用途」を冠称すればよい。

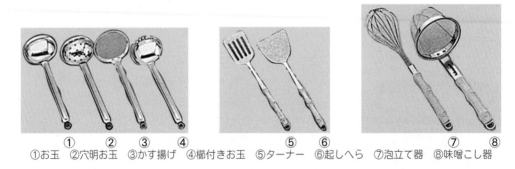

①　②　③　④　　　　⑤　⑥　　　　⑦　⑧
①お玉　②穴明お玉　③かす揚げ　④櫛付きお玉　⑤ターナー　⑥起しへら　⑦泡立て器　⑧味噌こし器

〈包　丁〉

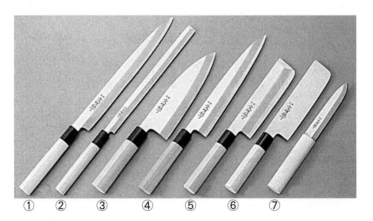

①　②　③　④　⑤　⑥　⑦

⑧　⑨　⑩　⑪

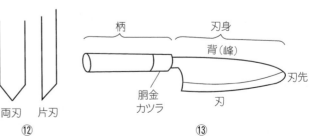

両刃　片刃
⑫

柄　　　　刃身
背(峰)
刃先
胴金
カツラ　　　刃
⑬

①柳刃包丁　②蛸引包丁　③出刃包丁　④身卸包丁　⑤薄刃包丁　⑥菜切包丁　⑦間切り　⑧三徳（文化包丁・万能包丁）　⑨牛刀　⑩ペティナイフ　⑪中華包丁

薄刃包丁：四角くて、片刃で薄い。
菜切包丁：四角くて、両刃
出刃包丁：主に魚下ろしに使われ、先端が尖って片刃で刃肉が厚い（普通の包丁の5〜6倍）。
三徳：肉も野菜も切れる多用途の包丁で、先端が尖って両刃
牛刀：肉をさばくもので、先端が尖って両刃
ペティナイフ：フルーツナイフとして使用されている。

〈その他〉

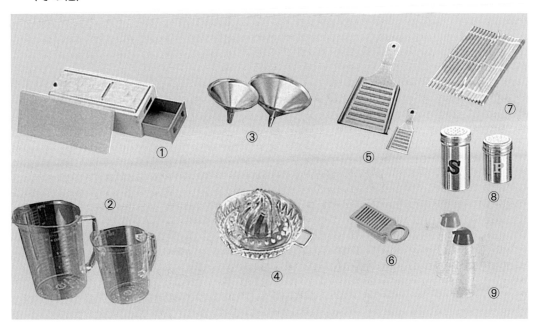

①鰹節削り器　②計量カップ　③ロート　④レモン絞り器　⑤下ろし金　⑥下ろし器　⑦すだれ　⑧調味料入れ　⑨醤油差し

・下ろし金：卸し金ともいう。大根、わさびなどを擦り下ろす、とげのたくさん付いた金属の器具
・下ろし器：下ろし金に受け容器が付いたもの

オーガナイザーボックス

調味料ボックス

クッキングバット

1　茶道具

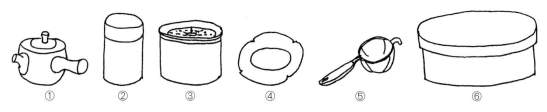

①急須　②茶筒　③建水　④茶托　⑤茶こし　⑥ 茶盆

- **急須**（きゅうす）：葉茶を入れておき、湯などを注ぎ入れる道具
- **建水**（けんすい）：水こぼし
- **茶托**（ちゃたく）：茶碗を乗せて客にすすめる、平たい小さな木などの受け皿

2　灰　皿

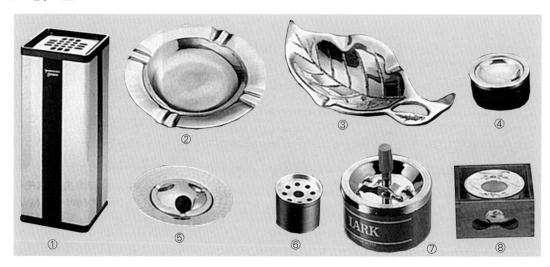

①スタンド灰皿　②丸形平灰皿　③木の葉形灰皿　④蓋付き灰皿　⑤三つ目灰皿　⑥筒形灰皿　⑦回転灰皿
⑧枠付灰皿

　「木の葉形灰皿」のほかにも、容器の蓋のような灰皿とは思えない形状をしたものもあるので、発掘時は「形、材質、色、大きさ、置いた場所など」を関係者の供述を十分聴取する。

3 たばこ・マッチ・ライター

〈たばこの小箱〉

たばこの小箱は、2種類あり「ハードパック」、「ソフトパック」といっている。

小箱内のたばこを包装した薄い紙は、「中巻紙」、「アルミ箔」といっている。

〈たばこ各部の名称〉

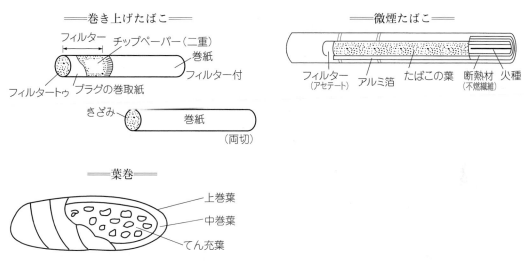

〈マッチ各部の名称〉

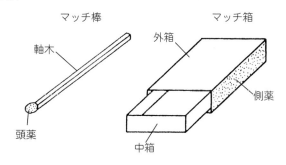

〈ガスライターの構造〉

==簡易ガスライター==

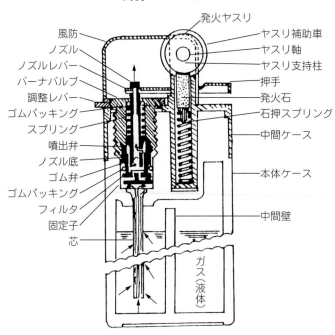

風防
ノズル
ノズルレバー
バーナバルブ
調整レバー
ゴムパッキング
スプリング
噴出弁
ノズル底
ゴム弁
ゴムパッキング
フィルタ
固定子
芯

発火ヤスリ
ヤスリ補助車
ヤスリ軸
ヤスリ支持柱
押手
発火石
石押スプリング
中間ケース
本体ケース
中間壁

ガス（液体）

==バッテリーライター==

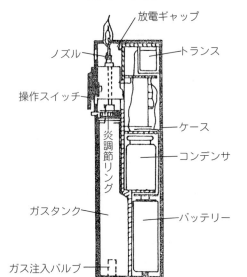

放電ギャップ
ノズル
トランス
操作スイッチ
ケース
炎調節リング
コンデンサ
ガスタンク
バッテリー
ガス注入バルブ

==電子ライター==

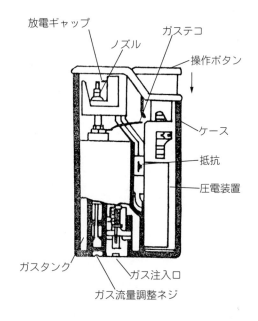

放電ギャップ
ノズル
ガステコ
操作ボタン
ケース
抵抗
圧電装置
ガスタンク
ガス注入口
ガス流量調整ネジ

===ターボライター===

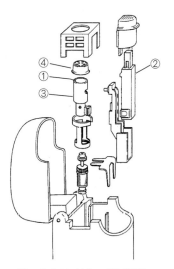

① カタライザー（触媒線）
② 圧電端子
③ 燃焼筒
④ ネット（金網）

4 火を使ったアロマテラピー

アロマポット　　　　缶容器　　　　ガラス容器
[上：皿
下：ポット本体]

このほか、線香状（棒、塊）のものもある。

5　香（線香、蚊取線香、アロマテラピー用インセンス等）

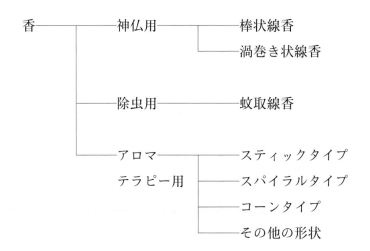

〈神仏用線香〉

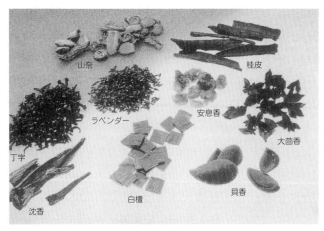

神仏用線香の原料

渦巻き状線香

〈蚊取線香〉

除虫用線香

〈アロマテラピー用インセンス〉

スパイラルタイプ（渦巻き状）香

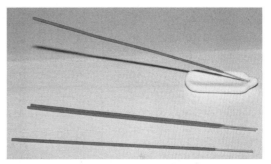

スティックタイプ（棒状）香

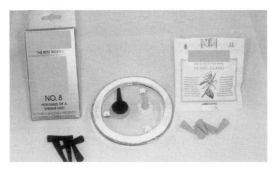

コーンタイプ（三角錐状）香

1　便器の種類

〈一般的な分類〉

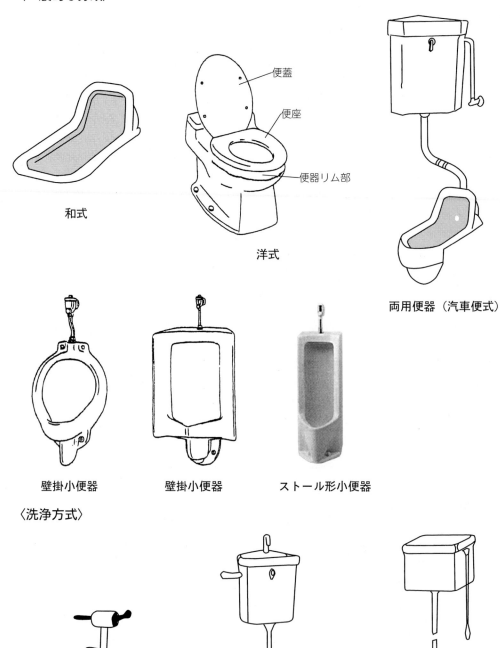

便蓋

便座

便器リム部

和式

洋式

両用便器（汽車便式）

壁掛小便器

壁掛小便器

ストール形小便器

〈洗浄方式〉

フラッシュバルブ式

ロータンク式（密結式）

ハイタンク式

2　タンク回りの名称等

〈タンク回りの名称〉

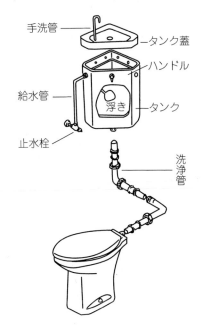

手洗管
タンク蓋
ハンドル
給水管
浮き
タンク
止水栓
洗浄管

〈付加機能〉

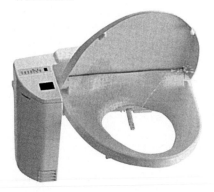

洗浄機能付暖房便座

〈床仕上げ〉

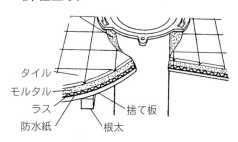

タイル
モルタル
ラス
防水紙
捨て板
根太

〈その他〉

紙巻器（ペーパーホルダ）

タオル掛け

タオルリング

トイレポット　　　トイレブラシ

1　仏壇・神棚

〈仏壇の各部名称〉

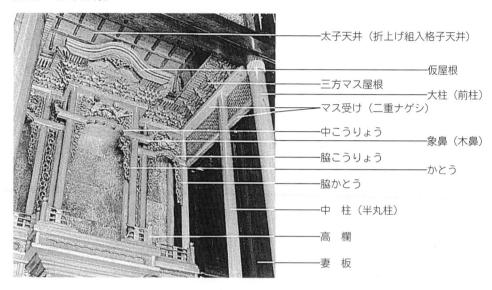

太子天井（折上げ組入格子天井）

仮屋根

三方マス屋根

大柱（前柱）

マス受け（二重ナゲシ）

中こうりょう

象鼻（木鼻）

脇こうりょう

かとう

脇かとう

中　柱（半丸柱）

高　欄

妻　板

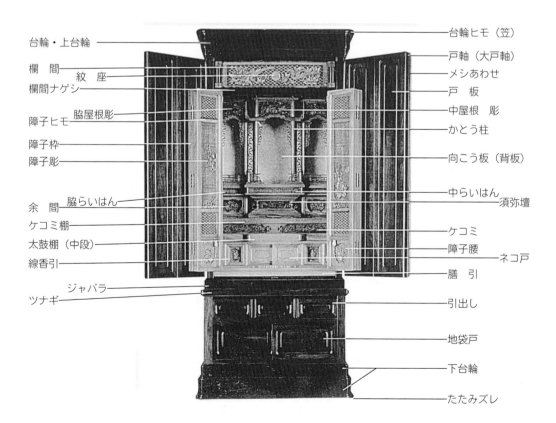

台輪・上台輪

欄　間

紋　座

欄間ナゲシ

脇屋根彫

障子ヒモ

障子枠

障子彫

余　間

脇らいはん

ケコミ棚

太鼓棚（中段）

線香引

ジャバラ

ツナギ

台輪ヒモ（笠）

戸軸（大戸軸）

メシあわせ

戸　板

中屋根　彫

かとう柱

向こう板（背板）

中らいはん

須弥壇

ケコミ

障子腰

ネコ戸

膳　引

引出し

地袋戸

下台輪

たたみズレ

〈仏壇の飾り方〉

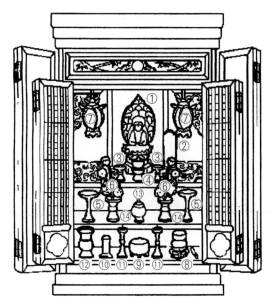

①御　本　尊
②御　位　牌
③仏　飯　器
④茶　湯　器
⑤高　　杯（お菓子、果物を載せる器）
⑥常　　華
⑦灯　　籠

⑧り　　　　ん
⑨香　　炉（線香立）
⑩線　香　差
⑪火　　立（ローソク立）
⑫花　　立（生花入）
⑬香　　炉（お香をたく器）
⑭花　　立（常華差）

〈神棚の各部名称〉

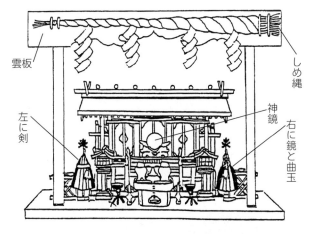

雲板

しめ縄

神鏡

右に鏡と曲玉

左に剣

榊立
真榊
春日灯籠
灯明（ローソク）
乃し口
神酒（おみき）
塩
水
洗米（せんまい）
神酒
乃し口
灯明（ローソク）
春日灯籠
真榊（まさかき）
榊立（さかき）

2　提灯・祝額・軒花

〈提　灯〉

○用途─飲食店用　　○形状─丸型　　　　○火袋と骨の材質組み合わせ─ビニール：針金
　　　├祭礼用　　　　　　├長型　　　　　　　　　　　　　　　　　　└和　　紙：竹
　　　├葬祭用　　　　　　├桶型
　　　└その他　　　　　　├弓張り
　　　　　　　　　　　　　└その他

形状例

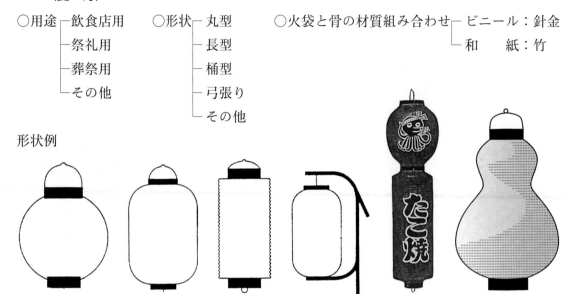

丸型　　　　長型　　　　オケ型　　　弓張り　　　こけし型　　　瓢箪型

○　各部名称

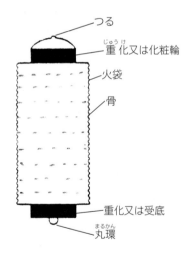

つる
重化又は化粧輪
火袋
骨
重化又は受底
丸環

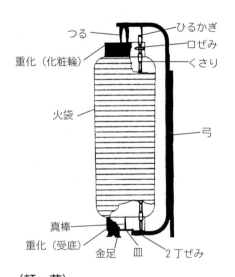

つる
ひるかぎ
ロぜみ
重化（化粧輪）
くさり
火袋
弓
真棒
重化（受底）
金足　皿　2丁ぜみ

〈祝　額〉

〈軒　花〉

商店街の軒先などに吊す花飾り

車両関係

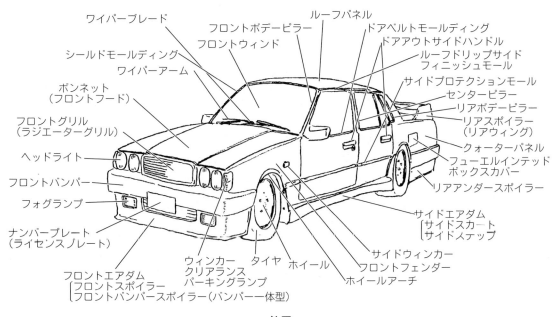

ワイパーブレード
ルーフパネル
フロントボデーピラー
ドアベルトモールディング
フロントウィンド
ドアアウトサイドハンドル
シールドモールディング
ルーフドリップサイド
フィニッシュモール
ワイパーアーム
サイドプロテクションモール
ボンネット
（フロントフード）
センターピラー
リアボデーピラー
フロントグリル
（ラジエーターグリル）
リアスポイラー
（リアウィング）
ヘッドライト
クォーターパネル
フューエルインテッド
ボックスカバー
フロントバンパー
リアアンダースポイラー
フォグランプ
サイドエアダム
サイドスカート
サイドステップ
ナンバープレート
（ライセンスプレート）
サイドウィンカー
フロントフェンダー
ホイールアーチ
ウィンカー
クリアランス
パーキングランプ
タイヤ　ホイール
フロントエアダム
フロントスポイラー
フロントバンパースポイラー（バンパー一体型）

外周

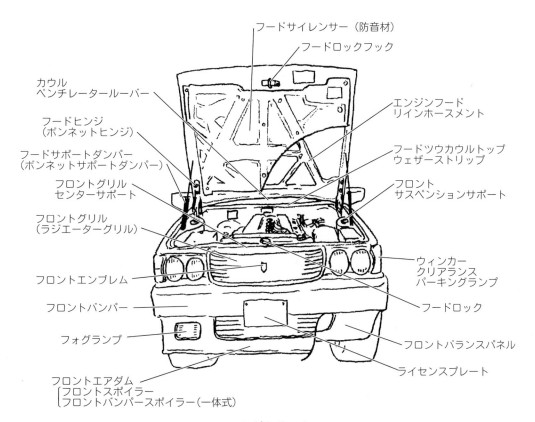

フードサイレンサー（防音材）
フードロックフック
カウル
ベンチレータールーバー
エンジンフード
リインホースメント
フードヒンジ
（ボンネットヒンジ）
フードツウカウルトップ
ウェザーストリップ
フードサポートダンパー
（ボンネットサポートダンパー）
フロント
サスペンションサポート
フロントグリル
センターサポート
フロントグリル
（ラジエーターグリル）
ウィンカー
クリアランス
パーキングランプ
フロントエンブレム
フードロック
フロントバンパー
フロントバランスパネル
フォグランプ
ライセンスプレート
フロントエアダム
フロントスポイラー
フロントバンパースポイラー（一体式）

エンジンルーム

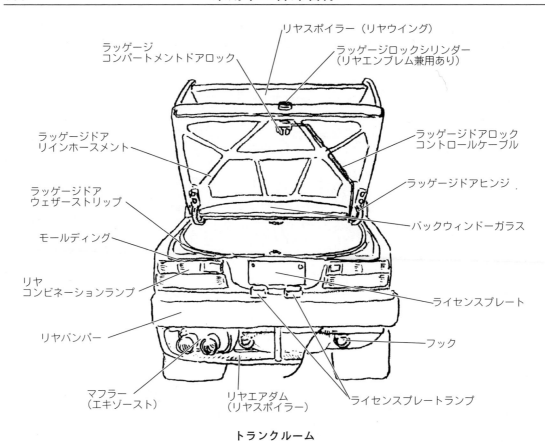

リヤスポイラー（リヤウイング）

ラッゲージロックシリンダー
（リヤエンブレム兼用あり）

ラッゲージ
コンパートメントドアロック

ラッゲージドア
リインホースメント

ラッゲージドアロック
コントロールケーブル

ラッゲージドア
ウェザーストリップ

ラッゲージドアヒンジ

バックウィンドーガラス

モールディング

リヤ
コンビネーションランプ

ライセンスプレート

リヤバンパー

フック

マフラー
（エキゾースト）

リヤエアダム
（リヤスポイラー）

ライセンスプレートランプ

トランクルーム

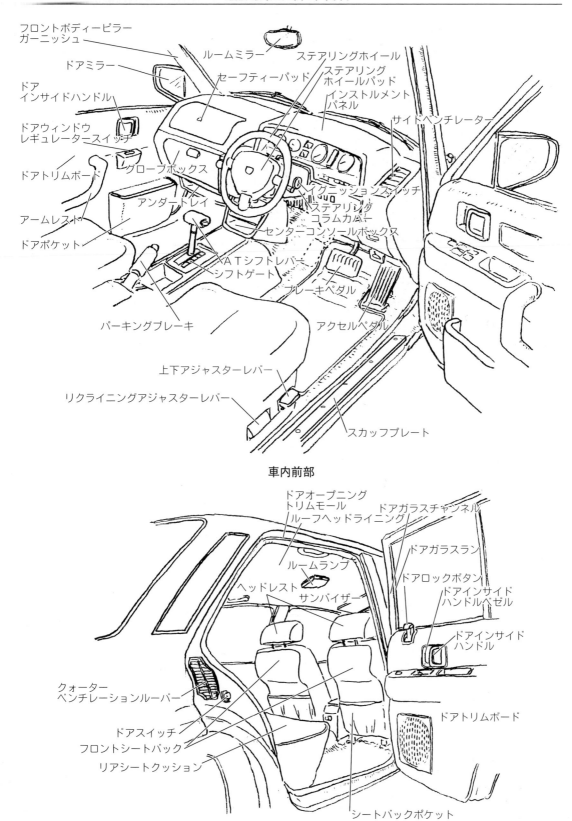

フロントボディーピラー
ガーニッシュ
ルームミラー
ステアリングホイール
ドアミラー
セーフティーパッド
ステアリング
ホイールパッド
ドア
インサイドハンドル
インストルメント
パネル
ドアウィンドウ
レギュレータースイッチ
サイドベンチレーター
ドアトリムボード
グローブボックス
アームレスト
アンダートレイ
イグニッションスイッチ
ドアポケット
ステアリング
コラムカバー
センターコンソールボックス
ＡＴシフトレバー
シフトゲート
ブレーキペダル
パーキングブレーキ
アクセルペダル
上下アジャスターレバー
リクライニングアジャスターレバー
スカッフプレート

車内前部

ドアオープニング
トリムモール
ルーフヘッドライニング
ドアガラスチャンネル
ルームランプ
ドアガラスラン
ヘッドレスト
サンバイザー
ドアロックボタン
ドアインサイド
ハンドルベゼル
ドアインサイド
ハンドル
クォーター
ベンチレーションルーバー
ドアトリムボード
ドアスイッチ
フロントシートバック
リアシートクッション
シートバックポケット

車内後部

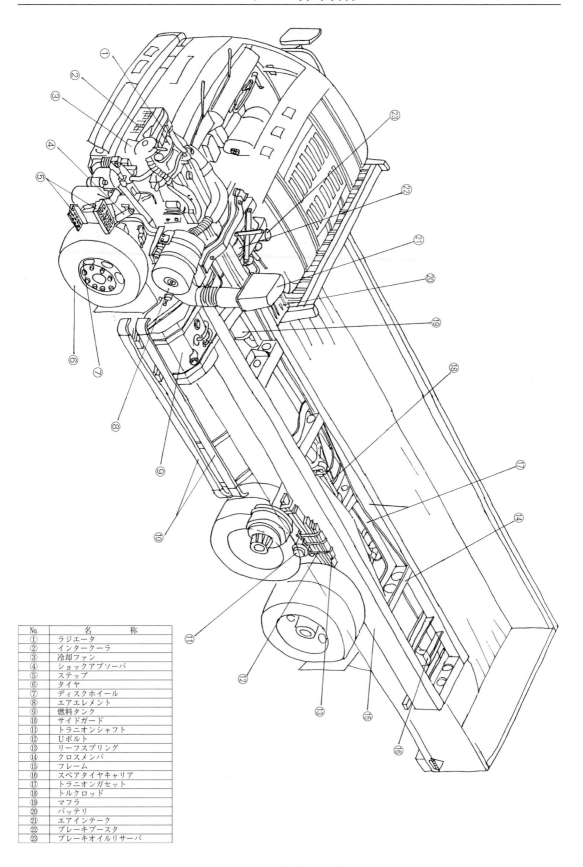

No.	名　　称
①	ラジエータ
②	インタークーラ
③	冷却ファン
④	ショックアブソーバ
⑤	ステップ
⑥	タイヤ
⑦	ディスクホイール
⑧	エアエレメント
⑨	燃料タンク
⑩	サイドガード
⑪	トラニオンシャフト
⑫	Uボルト
⑬	リーフスプリング
⑭	クロスメンバ
⑮	フレーム
⑯	スペアタイヤキャリア
⑰	トラニオンガセット
⑱	トルクロッド
⑲	マフラ
⑳	バッテリ
㉑	エアインテーク
㉒	ブレーキブースタ
㉓	ブレーキオイルリサーバ

〈ボディーの各部名称〉

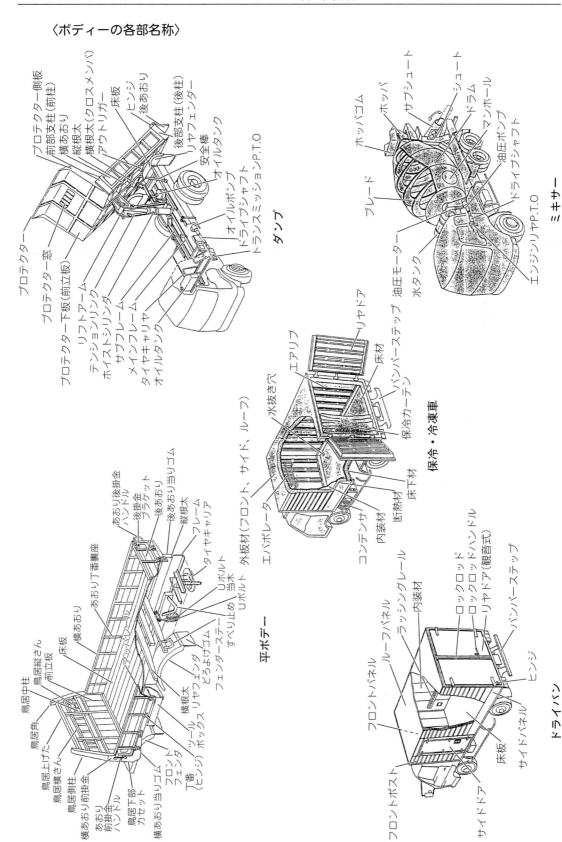

ダンプ

プロテクター側板
プロテクター（前柱）
前部支柱（前柱）
横あおり
縦根太
横根太（クロスメンバ）
アウトリガー
床板
ヒンジ
後あおり
後部支柱（後柱）
リヤフェンダー
安全棒
オイルタンク
オイルポンプ
ドライブシャフト
トランスミッションP.T.O

プロテクター
プロテクター窓
プロテクター下板（前立板）
リフトアーム
テンションリンク
ホイストシリンダ
サブフレーム
メインフレーム
タイヤキャリア
オイルタンク

ミキサー

ホッパ
ホッパゴム
サブシュート
シュート
ドラム
マンホール
ブレード
油圧モーター
水タンク
油圧シャフト
ドライブシャフト
エンジンリヤP.T.O

保冷・冷凍車

エアリブ
床材
リヤドア
バンパーステップ
保冷カーテン
床下材
断熱材
内装材
コンデンサ
エバボレータ
水抜き穴

平ボデー

あおり後掛金
ハンドル
後掛金
後掛金ブラケット
後あおり
後あおり当りゴム
縦根太
フレーム
タイヤキャリア
Uボルト
あおりT番裏座
Uボルト当木
すべり止めUボルト
外板材（フロント、サイド、ルーフ）
どろよけゴム
リヤランプ
フェンダーステー
ツールボックス（ヒンジ）
フロントフェンダ
あおり当りゴム
T番
鳥居下部ガセット
あおり前掛金ハンドル
横あおり前掛金
あおり前掛金
鳥居側柱
鳥居横さん
鳥居上げた
鳥居角
鳥居中柱
鳥居縦さん
前立板
床板
横あおり
横根太

ドライバン

ロックロッド
ロックロッドハンドル
リヤドア（観音式）
バンパーステップ
ヒンジ
床板
サイドパネル
サイドドア
フロントボスト
フロントパネル
ルーフパネル
ラッシングレール
内装材

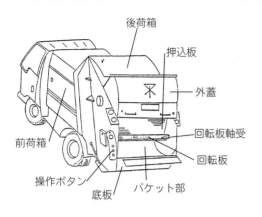

後荷箱
押込板
外蓋
回転板軸受
回転板
前荷箱
操作ボタン
底板
バケット部

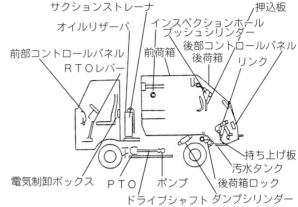

サクションストレーナ
オイルリザーバ
押込板
インスペクションホール
プッシュシリンダー
前部コントロールパネル
前荷箱
後部コントロールパネル
後荷箱
ＲＴＯレバー
リンク
持ち上げ板
汚水タンク
電気制卸ボックス
ＰＴＯ
ポンプ
後荷箱ロック
ドライブシャフト
ダンプシリンダー

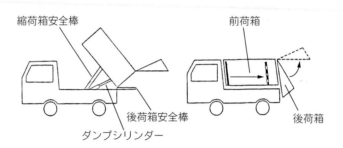

縮荷箱安全棒
前荷箱
後荷箱安全棒
後荷箱
ダンプシリンダー

〈積込方法〉

① 回転式（図1）

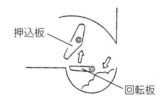

押込板
回転板

② 半回転式（図2）

③ 上下式（図3）

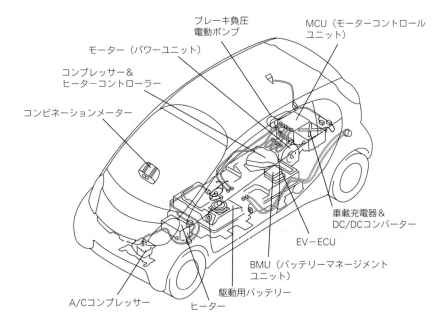

ブレーキ負圧
電動ポンプ

MCU（モーターコントロール
ユニット）

モーター（パワーユニット）

コンプレッサー＆
ヒーターコントローラー

コンビネーションメーター

車載充電器＆
DC/DCコンバーター

EV－ECU

BMU（バッテリーマネージメント
ユニット）

A/Cコンプレッサー

ヒーター

駆動用バッテリー

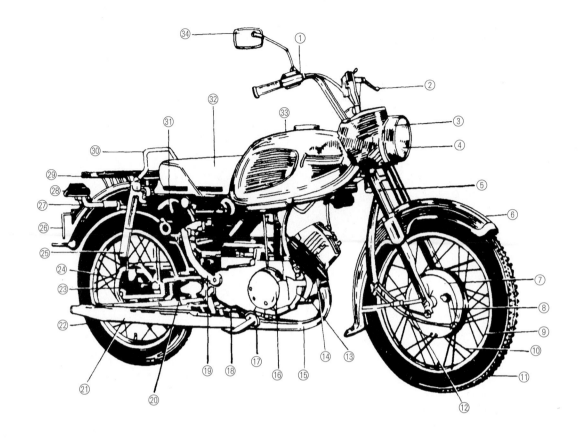

No.	名　　　称
①	ハンドルブレーキレバー
②	クラッチレバー
③	ライト（ボデー）
④	ヘッドライト
⑤	フロントフォーク
⑥	フロントフェンダー
⑦	フロントパネル
⑧	フロントブレーキアーム
⑨	フロントリーム
⑩	フロントスポーク
⑪	フロントタイヤ
⑫	フロントサスペンションアーム
⑬	チェンジペダル
⑭	シリンダー
⑮	エキゾーストパイプ
⑯	クランクケース
⑰	ブレーキ

No.	名　　　称
⑱	ステップバー
⑲	キックスターターレバー
⑳	チェーンケース
㉑	マフラー
㉒	リアタイヤ
㉓	リアフォーク
㉔	ピリオンステップバー
㉕	リアクッション
㉖	ナンバープレート
㉗	フラッシャー
㉘	尾灯兼ストップライト
㉙	ピリオンシート
㉚	ピリオン（補助席）ハンドル
㉛	オイルタンク
㉜	サドルシート
㉝	フューエルタンク
㉞	バックミラー

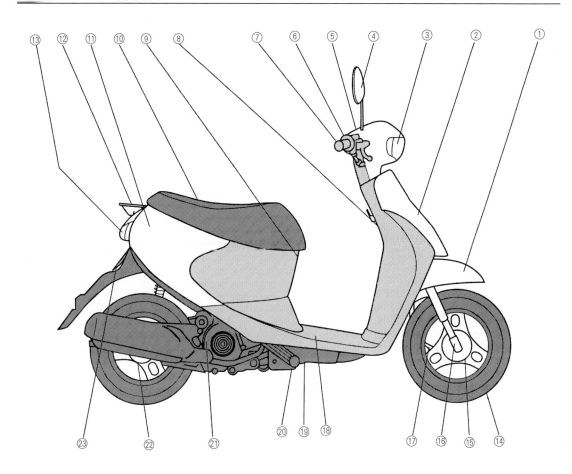

No.	名　　　　　称
①	フロントフェンダー
②	フロントカバー
③	フロントターンシグナルライト（ウインカー）
④	バックミラー
⑤	コンビネーションメーター
⑥	グリップ
⑦	アクセルグリップ
⑧	インナーボックス（ボックスがない場合：リヤパネル）
⑨	ボデーセンターカバー
⑩	シート
⑪	ボデーカバー

No.	名　　　　　称
⑫	キャリア
⑬	リヤコンビネーションライト
⑭	タイヤ
⑮	フロントホイール
⑯	フロントフォーク
⑰	フロントピポットアームカバー
⑱	ステップボード（フロアパネル）
⑲	フレーム
⑳	センタースタンド
㉑	クランクケースカバー
㉒	リヤホイール
㉓	ナンバープレートブラケット

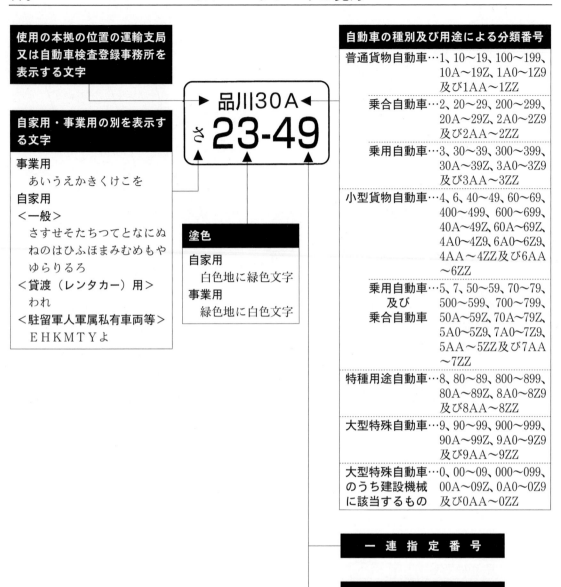

使用の本拠の位置の運輸支局又は自動車検査登録事務所を表示する文字

自家用・事業用の別を表示する文字

事業用
　あいうえかきくけこを
自家用
＜一般＞
　さすせそたちつてとなにぬねのはひふほまみむめもやゆらりるろ
＜貸渡（レンタカー）用＞
　われ
＜駐留軍人軍属私有車両等＞
　ＥＨＫＭＴＹよ

品川30A
さ 23-49

塗色

自家用
　白色地に緑色文字
事業用
　緑色地に白色文字

自動車の種別及び用途による分類番号

普通貨物自動車	…1、10〜19、100〜199、10A〜19Z、1A0〜1Z9及び1AA〜1ZZ
乗合自動車	…2、20〜29、200〜299、20A〜29Z、2A0〜2Z9及び2AA〜2ZZ
乗用自動車	…3、30〜39、300〜399、30A〜39Z、3A0〜3Z9及び3AA〜3ZZ
小型貨物自動車	…4、6、40〜49、60〜69、400〜499、600〜699、40A〜49Z、60A〜69Z、4A0〜4Z9、6A0〜6Z9、4AA〜4ZZ及び6AA〜6ZZ
乗用自動車及び乗合自動車	…5、7、50〜59、70〜79、500〜599、700〜799、50A〜59Z、70A〜79Z、5A0〜5Z9、7A0〜7Z9、5AA〜5ZZ及び7AA〜7ZZ
特種用途自動車	…8、80〜89、800〜899、80A〜89Z、8A0〜8Z9及び8AA〜8ZZ
大型特殊自動車	…9、90〜99、900〜999、90A〜99Z、9A0〜9Z9及び9AA〜9ZZ
大型特殊自動車のうち建設機械に該当するもの	…0、00〜09、000〜099、00A〜09Z、0A0〜0Z9及び0AA〜0ZZ

一 連 指 定 番 号

希 望 番 号

●ナンバープレートの大きさ

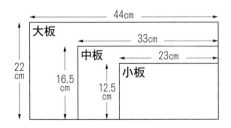

◎大板は普通自動車で車両総重量８ｔ以上、最大積載量５ｔ以上。又は、乗車定員30名以上のもの
◎小板は小型二輪及び検査対象外軽自動車
◎中板は上記以外のもの

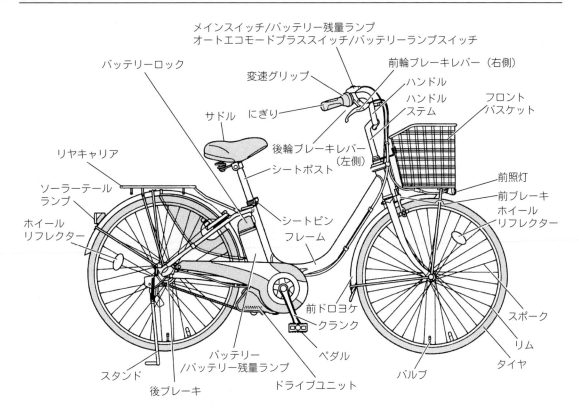

メインスイッチ/バッテリー残量ランプ
オートエコモードプラススイッチ/バッテリーランプスイッチ

バッテリーロック

変速グリップ

前輪ブレーキレバー（右側）

ハンドル

ハンドルステム

フロントバスケット

サドル

にぎり

後輪ブレーキレバー（左側）

リヤキャリア

シートポスト

前照灯

前ブレーキ

ソーラーテールランプ

ホイールリフレクター

ホイールリフレクター

シートピン

フレーム

リム

スポーク

前ドロヨケ

クランク

タイヤ

スタンド

バッテリー/バッテリー残量ランプ

ペダル

バルブ

後ブレーキ

ドライブユニット

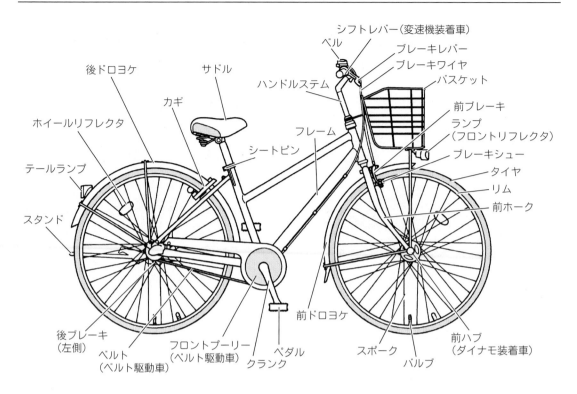

後ドロヨケ
サドル
シフトレバー(変速機装着車)
ベル
ブレーキレバー
ブレーキワイヤ
ハンドルステム
バスケット
カギ
前ブレーキ
ホイールリフレクタ
フレーム
ランプ
(フロントリフレクタ)
ブレーキシュー
テールランプ
シートピン
タイヤ
リム
前ホーク
スタンド
後ブレーキ
(左側)
ベルト
(ベルト駆動車)
フロントプーリー
(ベルト駆動車)
クランク
ペダル
前ドロヨケ
スポーク
バルブ
前ハブ
(ダイナモ装着車)

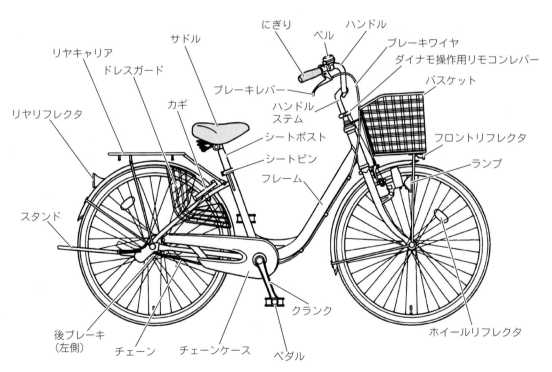

リヤキャリア
ドレスガード
サドル
にぎり
ベル
ハンドル
ブレーキワイヤ
ダイナモ操作用リモコンレバー
バスケット
ブレーキレバー
リヤリフレクタ
カギ
ハンドル
ステム
フロントリフレクタ
シートポスト
シートピン
ランプ
フレーム
スタンド
後ブレーキ
(左側)
チェーン
チェーンケース
クランク
ペダル
ホイールリフレクタ

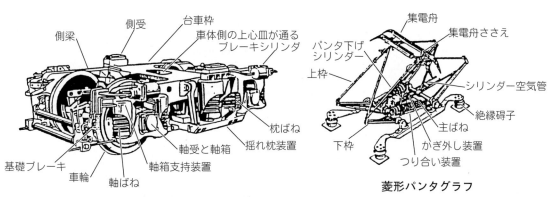

一般的な台車の例と各部の名称

菱形パンタグラフ

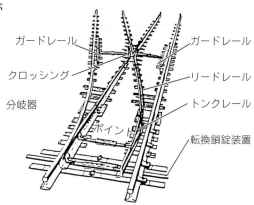

電車線路のいろいろ

架空単線方式

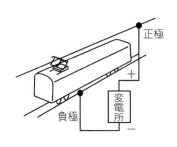

最も一般的に広く使われている方式。

架空複線方式

トロリーバスなどに使われていたが、
現在日本ではほとんど見られない。

第3軌条方式

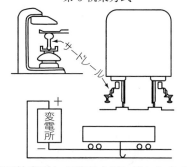

地下鉄車両など地下走行に適した方式。

剛体複線方式

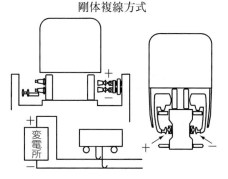

新交通システムやモノレールなどゴムタ
イヤ走行の車両に使われている方式。

直流電気車

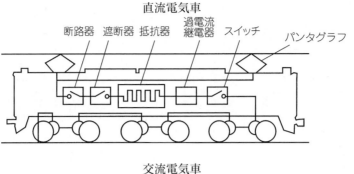

断路器　遮断器　抵抗器　過電流継電器　スイッチ　パンタグラフ

交流電気車

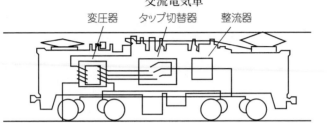

変圧器　タップ切替器　整流器

交直流電気車

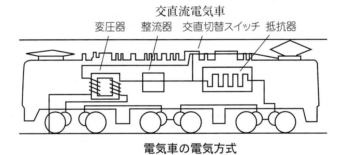

変圧器　整流器　交直切替スイッチ　抵抗器

電気車の電気方式

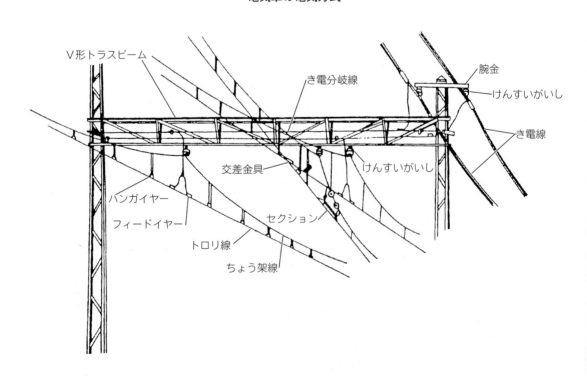

V形トラスビーム　き電分岐線　腕金　けんすいがいし　き電線　交差金具　けんすいがいし　バンガイヤー　フィードイヤー　セクション　トロリ線　ちょう架線

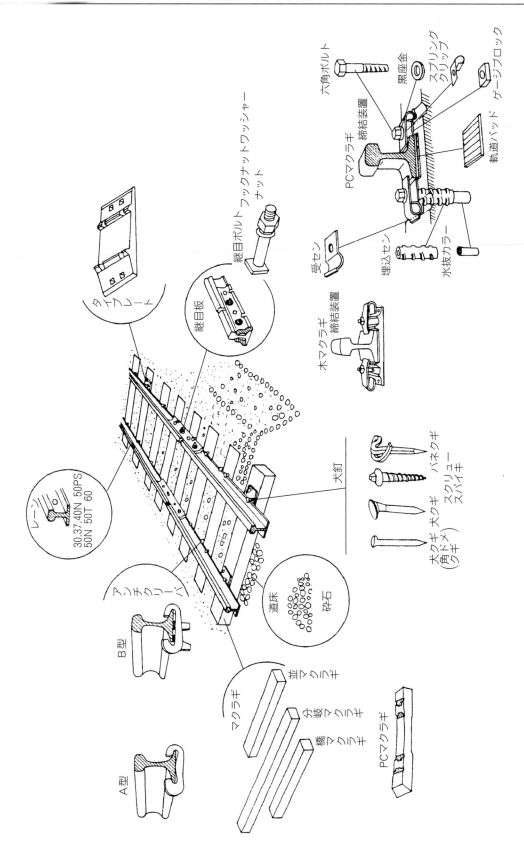

六角ボルト
黒座金
スプリング
クリップ
PCマクラギ
締結装置
ゲージブロック
軌道パッド
受セン
埋込セン
水抜カラー
木マクラギ
締結装置

タイプレート
継目板
継目ボルト
フックナット
ナット
ワッシャー
ナット

レール
30,37,40N 50PS
50N 50T 60

大釘
犬クギ 大クギ スクリュー バネクギ
（角ドメ） スパイキ
クギ

アンチクリーパー
B型
A型

道床
砕石

マクラギ
並マクラギ
分岐マクラギ
橋マクラギ
PCマクラギ

〈プレジャーボート〉

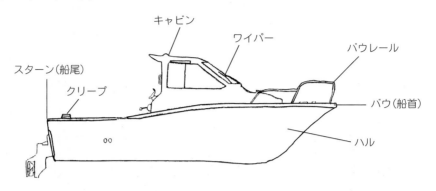

キャビン
ワイパー
バウレール
スターン（船尾）
クリープ
バウ（船首）
ハル

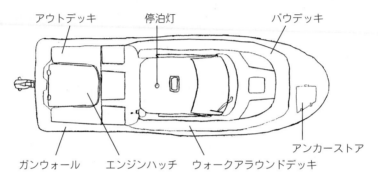

アウトデッキ
停泊灯
バウデッキ
ガンウォール
エンジンハッチ
ウォークアラウンドデッキ
アンカーストア

〈水上スクーター〉

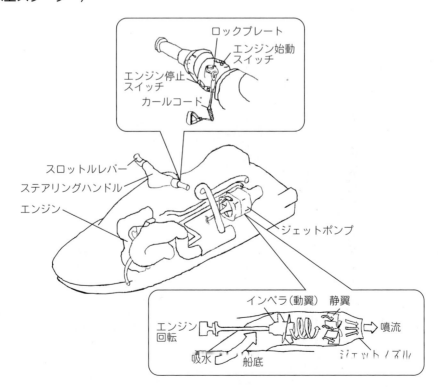

ロックプレート
エンジン始動スイッチ
エンジン停止スイッチ
カールコード

スロットルレバー
ステアリングハンドル
エンジン
ジェットポンプ

インペラ（動翼）
静翼
エンジン回転
噴流
吸水
船底
ジェットノズル

その他

1　ごみ箱の外観

ペダル式　　　　　　回転蓋付　　　　　　分別回収式　　　パンチングメタル胴(丸型)

パンチングメタル胴(角型)　　丸型ポリゴミ箱　　　角型ポリゴミ箱　　　　バケツ

○　ごみ箱は、「ごみ箱の外観」に例示したように形状など多種多様である。

○　また、室内で使用するごみ箱や容器は箱状、袋状のほかに、空き箱などを代用していることも多い。現場発掘時は「形状、色、大きさ、材質など」を、関係者から十分聴取しておく。

○　現場見分調書には、「形状、材質、色、蓋の有無や開け方、大きさ、その他の特徴」をとらえて記載する。

例：①　公園の南東角に設置されたごみ箱は、本体が銀色のパンチングメタル製で、回転蓋がついている。

　　②　ごみ箱は、円筒形の中容器付きで、ペダルを踏んで蓋を開けるタイプである。

2　お墓の基本構成

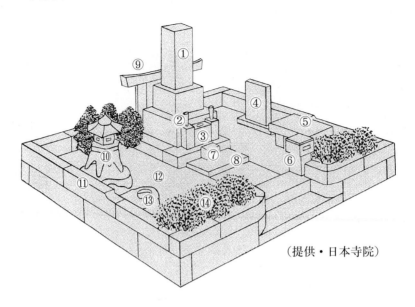

（提供・日本寺院）

①石碑　　⑧拝石
②花立　　⑨塔婆立
③水鉢　　⑩灯籠
④墓誌　　⑪外柵
⑤物置台　⑫化粧砂利
⑥名刺受　⑬つくばい（手水鉢）
⑦香炉台　⑭植木

1　まず平面図を作成する。

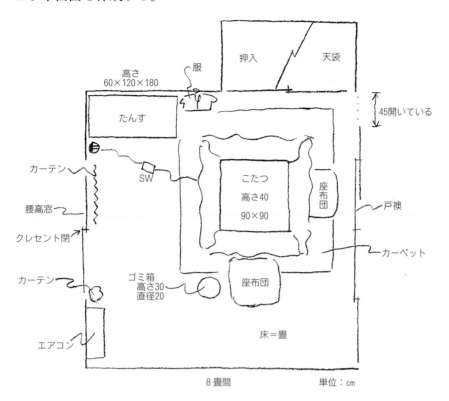

押入　天袋

高さ
60×120×180

服

45開いている

たんす

カーテン

SW

こたつ
高さ40
90×90

座布団

戸襖

腰高窓

クレセント閉

カーペット

カーテン

ゴミ箱
高さ30
直径20

座布団

エアコン

床＝畳

8畳間　　　　　　　　　単位：cm

2　立面図用に座標を記入する。

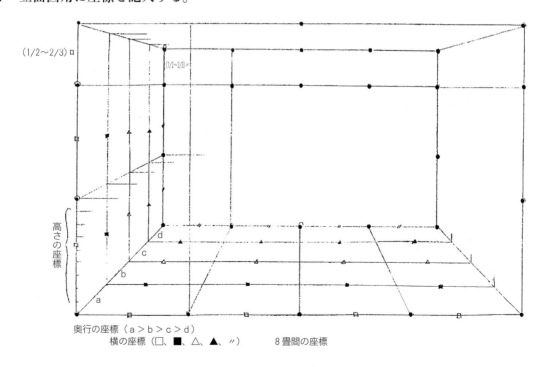

(1/2〜2/3)口

(1/2〜2/3) 〃

高さの座標

d
c
b
a

奥行の座標（a＞b＞c＞d）
横の座標（口、■、△、▲、〃）　　8畳間の座標

3　平面図を参考に、正確に物品を記入していく。

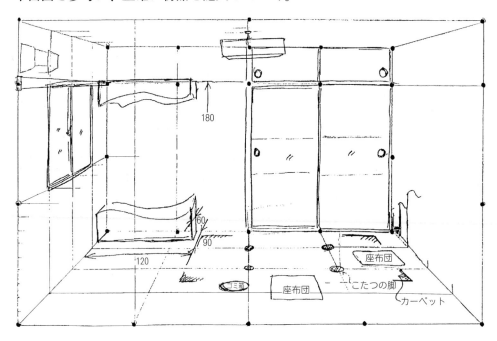

4　すべての物品を記入後、不要な線を消して完成させる。

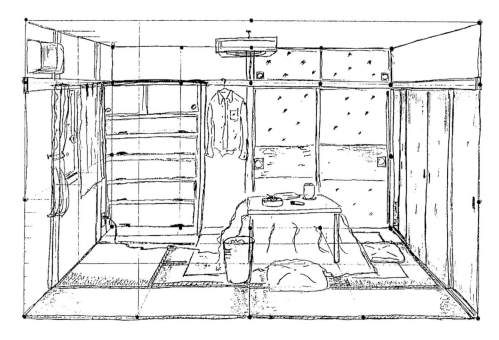

1　助数詞の使い方の基本（新聞用語懇談会での適用基準から抜粋）

　人間、動物以外の物品・物体の助数詞は、その種類がほとんど無数にあるので使い方が煩雑を極めている。

　そこで、物品・物体を性質・形状によって大別したのが下の例である。下例以外の助数詞の使用を禁ずることはできないが、できるだけ下例の助数詞でまかない、やむを得ない場合に限って、その他の助数詞を使うようにする。

```
┌ 人 ………………………………………………………………………… 人、名
│        名はなるべく使わない。
├ 動物 ……………………………………………………………………… 匹
│   ただし ┌ 鳥類 ………………………………………………………… 羽
│          └ 大型の獣類 ………………………………………………… 頭
│          魚類の「尾」はなるべく使わない。
└ 物品・物体 ……………………………………………………………… 個
    ただし ┌ 極めて小型の物品・物体 ……「粒、りゅう、つぶ」を使ってもよい。
           │   例：1粒の麦、真珠5粒
           ├ 形の長い物品・物体 ………………………………………… 本
           ├ 平面的な物品・物体 ………………………………………… 枚、面
           ├ 機械、器具、車両、固定した施設 ……………………… 台、基
           │   場合によって車両を「両」で数えることもある。
           │   例：8両編成の列車
           ├ 船舶 ………………………………………………………… 隻
           │   小型の船舶を「艘」で数えることもある。
           ├ 航空機 ……………………………………………………… 機
           │   場合によって「台」で数えることもある。
           │   例：5台の飛行機に分乗
           ├ 主として手に持って使う器具、道具、銃器など ………… 丁
           ├ 建物 ………………………………………………………… 棟
           │   ただし、住戸の単位は ………………………………… 戸、軒
           │   例：住宅10棟全焼。床下浸水100戸。肉屋、果物屋など4軒。3軒長屋。
           └ 種類の異なる物品、物体を一括して数える場合 ………… 点、件
               例：衣類、時計、宝石など15点。土地、建物3件。
```

2　助数詞の使用例

　　○　新聞用語懇談会での使用例を基本に、一部加除したものを示した。

　　○　古来の助数詞で、現在では耳遠くなり、使い分けの困難になっているものは省略した。

　　○　市民感覚を尊重し、古い助数詞・特殊の助数詞を避け、できるだけ一般的なものを使用した。

　　○　「新聞用語懇談会での統一基準」を基本とし、一部加除を行った。

【あ行】

アイロン	丁
遺骨	体（抽象的には「柱」）
椅子	脚、個
石灯籠	基、個
遺体	体
糸	本、筋（すじ）、巻（まき）
犬	匹（大きいものは「頭」）
位牌（いはい）	体
衣類	枚、着、揃い
植木	株（かぶ）、鉢（はち）
兎（うさぎ）	匹（「羽」はなるべく使用しない。）
うちわ	本
うどん	玉、丁、把（わ）
馬	頭、匹（人が乗っているものは「騎」）
映画	本（フィルムとしては「巻」）
エスカレータ	台、基
エレベータ	台、基
エンジン	台、基（小型は「個」）
鉛筆	本、ダース
置物	個
おけ	個
斧（おの）	丁
帯	本、筋、条
織物	反

【か行】──────────────────────────

階段 ……………………	段
鏡 ………………………	枚、面
額（がく） ……………	面、枚、架
掛軸 ……………………	本、幅（ふく）、軸、対（つい）
傘 ………………………	本
刀 ………………………	本（特殊な場合は「振り」）
滑走路 …………………	本
かつら …………………	個
花瓶 ……………………	個
鎌 ………………………	丁
釜 ………………………	個、口
紙 ………………………	枚、葉、束、締め、連（半紙20枚、みの紙48枚は「帖」）
剃刀（かみそり） ……	丁、個
髪の毛 …………………	本、筋
カメラ …………………	台
蚊帳（かや） …………	枚、張り
革・皮 …………………	枚
鉋（かんな） …………	丁
看板 ……………………	枚
木 ………………………	本、株、樹
汽車 ……………………	両、列車、本
木の葉 …………………	枚
鏡台 ……………………	台
釘（くぎ） ……………	本
薬 ………………………	剤、服、錠
果物（くだもの） ……	籠（かご）
鍬（くわ） ……………	丁
ゲレンデ ………………	面
コース …………………	本
コップ …………………	個
琴（こと） ……………	面、張り

碁盤 ……………………… 面

ゴルフリンク …………… 面

こんにゃく ……………… 個、枚

【さ行】

材木 ……………………… 本（棒状）、枚（板状）

魚 ………………………… 匹

さじ ……………………… 本

皿 ………………………… 枚

敷物 ……………………… 枚、組

写真 ……………………… 枚、葉

シャツ …………………… 着、枚、組、揃い

三味線 …………………… 丁、棹（さお）

車両 ……………………… 台、両

重箱 ……………………… 個、組、重ね

数珠（じゅず）………… 本、連

書籍 ……………………… 冊、部

書類 ……………………… 通、札

人工池 …………………… 面

神体 ……………………… 座、体、柱

新聞紙 …………………… 部、枚

吸物 ……………………… 碗（わん）

寿司 ……………………… 人前、折り

硯（すずり）…………… 個、面

硯箱 ……………………… 箱、個

簾（すだれ）…………… 張り

ズボン …………………… 本、着

墨（すみ）……………… 個、本、丁

石碑 ……………………… 基、台

扇子 ……………………… 本、杷

算盤（そろばん）……… 個、丁

【た行】

太鼓 ……………………… 個、台

タオル	枚、本
竹	本
畳	畳、枚
建物	棟（住戸は「戸、軒」）
建物の階	地階、地下○階、階、屋上
たばこ	本、箱
田畑	枚、面
足袋（たび）	足
卵	個
樽（たる）	個
弾丸	発、個
だんご	串（くし）
たんす	本、棹（さお）
反物（たんもの）	本、反、匹
地図	枚
茶	斤（きん）、袋（ふくろ）
茶器	個、組、揃（そろえ）
茶碗	個、揃（そろえ）
ちょうし	本
彫塑	個、体、台
提灯（ちょうちん）	個、張り
ちり紙	締め、枚
机	台、脚
鼓（つづみ）	個
葛籠（つづら）	個
壺（つぼ）	個
手紙	通、本
鉄道線路	本、条
鉄砲	丁
手拭	本
手袋	組、対
テレビ	台

電気スタンド ……………… 台、個

電話機 ………………………… 台、個

電柱 …………………………… 本

戸 ……………………………… 枚

砥石（といし） ……………… 個、丁

塔 ……………………………… 基

塔婆（とうば） ……………… 基、層

豆腐（とうふ） ……………… 個、丁

道路 …………………………… 本、条

時計 …………………………… 個、台

土俵 …………………………… 面

灯籠（とうろう） …………… 個、基

トランプ ……………………… 組

鳥 ……………………………… 羽

【な行】

鍋（なべ） …………………… 個

荷物 …………………………… 個

人形 …………………………… 個、体

ネクタイ ……………………… 本

年齢 …………………………… 歳

のり …………………………… 枚、帖（じょう）、缶

暖簾（のれん） ……………… 枚、張り

【は行】

バイオリン …………………… 丁

袴（はかま） ………………… 具、腰

履物（はきもの） …………… 足（そく）

鋏（はさみ） ………………… 丁

箸（はし） …………………… 膳（ぜん）、本、揃い

橋 ……………………………… 基、本

旗 ……………………………… 本、旒（りゅう）

花 ……………………………… 本、輪（りん）、束（たば）

半紙 …………………………… 枚、帖（じょう）、締め、束（たば）

ピアノ …………………… 台

火箸（ひばし）………… 具、揃い

火鉢（ひばち）………… 個

屏風（びょうぶ）……… 台、双、架、帖（ちょう）

瓶（びん）……………… 本、びん

琵琶（びわ）…………… 面

フィルム ………………… 巻

笛 ………………………… 本、丁、管（かん）

襖（ふすま）…………… 枚、本

仏像 ……………………… 体、軀（く）

筆 ………………………… 本

布団 ……………………… 枚、組、揃い、重ね

船 ………………………… 隻（小型の場合は「艘」）

プラットホーム ………… 本、面

風呂桶 …………………… 個、桶

ベッド …………………… 台

部屋 ……………………… 室、間（ま）、部屋

帽子 ……………………… 個

宝石 ……………………… 個

包丁 ……………………… 丁

盆 ………………………… 枚、組

盆栽 ……………………… 鉢、個

本箱 ……………………… 個

【ま行】

薪（まき）……………… 本、把

巻物 ……………………… 巻（かん）、巻き、本

幕 ………………………… 枚、張り

枕 ………………………… 個

筵（むしろ）…………… 枚

眼鏡（めがね）………… 個

面（めん）……………… 個

モータ …………………… 個、台

【や行】

野菜 ………………………	把、山、篭（かご）
槍（やり） ………………	本
弓 ………………………	丁、張り
羊羹（ようかん） ………	本、棹（さお）、箱、切れ
溶鉱炉 …………………	基
洋服 ……………………	着、揃い
鎧（よろい） ……………	組、領

【ら行】

ラジオ …………………	台
ラッパ …………………	個、本
料理 ……………………	品、人前
列車 ……………………	本、列車
ローソク ………………	本、箱

【わ】

綿 ………………………	枚、包
碗（わん） ………………	個

1　電気用図記号

（JIS C 0301、JIS X 0122より抜すい）

I　基　本　図　記　号 （※は IEC 記号を表す）		名　称	図　記　号	名　称	図　記　号
名　称	図　記　号	ステップ可変		理想電圧源	
直　流		連動を示す 一般図記号	連動可変静電容量または コンデンサ	理想電流源	
交　流		抵抗または 抵抗器		電池または 直流電源	多数連結の場合は
高周波					
導　線	導体の本数を明 示したいときは、 次のように表す ことができる。 2本の場合	可変抵抗または 可変抵抗器一般		整流機能 および整流器	
束　線		インダクタンス またはリアクト ル		交流電源	
連結線	○の中に対照番 号を記入する。	可変 インダクタンス		回転機	○の中に種類を表す記号 を入れる。
		タップ付 インダクタンス			
端　子		相互インダクタ ンスまたは 変圧器（変成器）	特に鉄心入りで あることを示す 必要のある場合 は、次のように 表す。	機器または 装　置	□の中に種類を表す記号 または図記号を入れる。
導線の分岐					
導線の交わり （接続する場合）		可変相互 インダクタンス		遮へい （シールド）	
導線の交わり （接続しない場 合）		静電容量または コンデンサ		開閉器	
接　地		電解コンデンサ （無極性）			
外箱に接続		電解コンデンサ （有極性）		切換開閉器	
可変を示す 一般図記号		可変静電容量ま たはコンデンサ			
非線形可変		インピーダンス			
プリセット調整		可変 インピーダンス		計　器	○の中に種類を表す文字記 号または図記号を入れる。
連続可変					

名　称	図　記　号	名　称	図　記　号	名　称	図　記　号
記　録　計	※	放電ギャップ	※	警報ヒューズ	※
積　算　計	※	避　雷　器	※	ランプ	※
熱　電　対	※	ヒューズ	※		

Ⅱ　半導体素子記号 （※は IEC 記号を表す）		名　称	図　記　号	名　称	図　記　号
名　称	図　記　号	ホール素子	※	PNPN ダイオード	※ ※
ダイオード	※ ※ 混乱のおそれがないときは円を省いてもよい（以下同じ）。	PNPホト トランジスタ	※	PNP トランジスタ	※
トンネル ダイオード	※	ホトカプラ	※	NPN トランジスタ	※
一方向性降伏ダイオード（定電圧ダイオード）	※	双方向性 ダイオード （対称バリスタ）	※	接合形電界効果 トランジスタ （N形チャネル）	※ 端子名は、下図に示すとおりとする。 ゲート　ソース　ドレイン
双方向性降伏ダイオード（双方向性定電圧ダイオード）	※	2極逆伝導 サイリスタ	※	接合形電界効果 トランジスタ （P形チャネル）	※
3極サイリスタ （一　般）	※	2極双方向 サイリスタ （SSS）	※	絶縁ゲート、エンハンスメント形電界効果トランジスタ（単ゲート、P形チャネル）	※
対称形導電特性 光導電セル	※	3極ターンオフ サイリスタ （Nゲート）	※	絶縁ゲート、エンハンスメント形電界効果トランジスタ（単ゲート、N形チャネル）	※
ホトダイオード	※	3極ターンオフ サイリスタ （Pゲート）	※	絶縁ゲート、デプレション形電界効果トランジスタ（単ゲート、N形チャネル）	※
発光ダイオード	※	3極双方向 サイリスタ （TRIAC）	※	絶縁ゲート、デプレション形電界効果トランジスタ（単ゲート、P形チャネル）	※
光　電　池	※	3極逆伝導 サイリスタ （Nゲート）	※		
		3極逆伝導 サイリスタ （Pゲート）	※		

Ⅲ 電 力 用 図 記 号 （※は IEC 記号を表す）			名　　　　称	図　　記　　号	
名　　　　称	図　　記　　号			単 線 図 用	複 線 図 用
	単 線 図 用	複 線 図 用	星 形 結 線 （スター接続）	人 ※	
直 流 機 一 般	Ⓜ ※		単 相 変 圧 器 （2 巻 線）	※	※
同 期 機 一 般	MS ※				
誘 導 機 一 般	M ～ ※	M ～ ※		※	※
三 角 結 線 （デルタ接続）	△ ※				

2　建築製図用表示記号及び略記号

〈平面表示記号〉

出 入 口 一 般	⊐ ⎮ ⊏	引 違 い 戸		防 火 戸 （防火設備）防	引 違 い 窓	
両 開 き と び ら		片 引 き 戸		はめごろし窓 （防火設備）防	格 子 付 き 窓	
片 開 き と び ら		引 込 み 戸		窓 一 般	網 窓	
自 由 と び ら		雨 戸		はめごろし窓 回 転 窓 すべり出し窓 突 出 し 窓 （開閉方法記入）	シャッター 付 き 窓	
回 転 と び ら	⊐⊗⊏	網 戸		上 げ 下 げ 窓	階段昇り表示	
折 た た み 戸		シャッター		両 開 き 窓		
伸 縮 間 仕 切 （材質及び様式記入）		シャッター （防火設備）防		片 開 き 窓		

備　考　壁体は、構造種別によって次の頁に示す材料構造表示記号を用いる。

〈材料構造表示記号〉

縮尺程度別による区分／表示事項	縮尺 $\frac{1}{100}$ 又は $\frac{1}{200}$ 程度の場合	縮尺 $\frac{1}{20}$ 又は $\frac{1}{50}$ 程度の場合（縮尺 $\frac{1}{100}$ 又は $\frac{1}{200}$ 程度の場合でも用いてもよい）	現寸及び縮尺 $\frac{1}{2}$ 又は $\frac{1}{5}$ 程度の場合（縮尺 $\frac{1}{20}$、$\frac{1}{50}$、$\frac{1}{100}$ 又は $\frac{1}{200}$ 程度の場合でも用いてもよい）	縮尺程度別による区分／表示事項	縮尺 $\frac{1}{100}$ 又は $\frac{1}{200}$ 程度の場合	縮尺 $\frac{1}{20}$ 又は $\frac{1}{50}$ 程度の場合（縮尺 $\frac{1}{100}$ 又は $\frac{1}{200}$ 程度の場合でも用いてもよい）	現寸及び縮尺 $\frac{1}{2}$ 又は $\frac{1}{5}$ 程度の場合（縮尺 $\frac{1}{20}$、$\frac{1}{50}$、$\frac{1}{100}$ 又は $\frac{1}{200}$ 程度の場合でも用いてもよい）
壁　一　般				鉄　骨			
鉄骨鉄筋コンクリート及び鉄筋コンクリート				木材及び木造壁	真壁造（管柱 片ふた柱 通柱）／真壁造（管柱 片ふた柱 通柱）／大壁（管柱 間柱 通柱）／（柱を区別しない場合）	化粧材／構造材／補助構造材	化粧材（年輪又は木目を記入する）／構造材／補助構造材／合板
軽量壁一般							
普通ブロック壁			実形を描いて材料名を記入する。	地　盤			
軽量ブロック壁							

建築図面に一般的に使用される略記号

　略記号は特にJIS建築製図に制定されていないが、建築設計者がおもに使用する略記号は次のとおりである。

略記号	名　　称	略記号	名　　称
建　築　構　造		**建具その他**	
R.C	鉄筋コンクリート造	S.D	鋼製扉
S.R.C	鉄骨鉄筋コンクリート造	S.F.D 又は F.S.D	特定防火設備
C.B	コンクリート、ブロック造	A.D 又は A.L.D	アルミ製扉
L.C	軽量コンクリート造	W.D	木製扉
A.L.C	気泡コンクリート	S.W	鋼製窓
P.C	プレストレスト、コンクリート	A.W	アルミ製窓
		W.W	木製窓

略記号	名　　称	略記号	名　　称
建　築　材　料		F.S.H 又は S.S	防火シャッター
A.B	石綿板	S.S.(L)	簡易シャッター
P.B	プラスター、ボード	D.C	ドアーチェック付
F.W.G	網入りガラス		
平面各部名称			
A.D	ダクトスペース		
D.S	ダストシュート		
P.S	パイプシャフト		
M.S	メールシュート		
E.P.S	電気配管シャフト		
E.L.V	エレベーター		
C.H	煙突		
W.C	便所		

3　屋内配線用図記号及び電気設備の略記号

（JIS C0303－1984）

〈配　線〉

(1)　一般配線（配管・ダクト・金属線ぴなどを含む）

名　　　　称	図記号	摘　　　　　　　　　　　要
天井隠ぺい配線	———	(1)　天井隠ぺい配線のうち天井ふところ内配線を区別する場合は、天井ふところ内配線に ‒・‒・‒ を用いてもよい。
床隠ぺい配線	— — —	(2)　露出配線のうち床面露出配線を区別する場合は、床面露出配線に、‒・‒・‒ を用いてもよい。
露　出　配　線	- - - -	(3)　電線の種類を示す必要のある場合は、記号を記入する。 例：600Vビニル絶縁電線　IV 　　　600V二種ビニル絶縁電線　HIV 　　　架橋ポリエチレン絶縁ビニルシースケーブル　CV 　　　600Vビニル絶縁ビニルシースケーブル（平形）　VVF 　　　耐火ケーブル　EP 　　　耐熱電線　HP 　　　通信用PVC屋内線　TIV (4)　絶縁電線の太さ及び電線数は、次のように記入する。 　　単位の明らかな場合は、単位を省略してもよい。 　　例　———／／／———　———／／———　———／／———　———／／／／——— 　　　　　　　1.6　　　　　2　　　　　2㎟　　　　　8 　　数字の傍記の例：　$\overline{1.6 \times 5}$ 　　　　　　　　　　　5.5×1 　　　ただし、仕様書などで電線の太さ及び電線数が明らかな場合は、記入しなくてもよい。 (5)　ケーブルの太さ及び線心数（又は対数）は、次のように記入し、必要に応じ電圧を記入する。 　　例：1.6㎜　　3心の場合　$\overline{1.6- \quad 3C}$ 　　　0.5㎜　100対の場合　$\overline{0.5-100P}$ 　　　ただし、仕様書などでケーブルの太さ及び線心数が明らかな場合は、記入しなくてもよい。 (6)　電線の接続点は次による。 (7)　配管は、次のように表す。 　　　———／／———　鋼製電線管の場合 　　　　1.6(19) 　　　———／／———　硬質ビニル電線管の場合 　　1.6(VE16) 　　　———／／———　二種金属製可とう電線管の場合 　　1.6(F₂17) 　　　———／／———　合成樹脂製可とう管の場合 　　1.6(PF16) 　　　———⊂———　電線の入っていない場合 　　　　(19) 　　　ただし、仕様書などで明らかな場合は、記入しなくてもよい。 (8)　フロアダクトの表示は、次による。 　　例：— — —　— — — 　　　　（F₇）　　（FC₅）

		ジャンクションボックスを示す場合は、次による。 － － － ◎ － － － (9)　金属ダクトの表示は、次による。 MD (10)　金属線ぴの表示は、次による。 一種 －－－－－－－　　　二種 －－－－－－ 　　　MM₁　　　　　　　　　　　MM₂ (11)　ライティングダクトの表示は、次による。 □－－－－－－　　　－－－－□－－－－ 　　LD　　　　　　　　　　　LD 　　　　□ は、フィードインボックスを示す。 必要に応じ、電圧、極数、容量を記入する。 例：　□－－－－－－－－ 　　　　　LD125V 2P 15A (12)　接地線の表示は、次による。 例：　――――― 　　　　E2.0 (13)　接地線と配線を同一管内に入れる場合は、次による。 例：　――――///―――― 　　　2.0(25)　　E2.0 ただし、接地線の表示Eが明らかな場合は、記入しなくてもよい。 (14)　ケーブルの防火区画貫通部は、次により表示する。 (15)　庭園灯などに用いる地中埋設配線は、次による。 (16)　屋外配線は、屋内配線の図記号を準用する。 (17)　区別を必要としない場合は、実線だけで表してもよい。 (18)　建築図の線との区別を明らかにする。
立　上　り 引　下　げ 素　通　し		(1)　同一階の立上り、引下げは特に表示しない。 (2)　管、線などの太さを明記する。ただし、明らかな場合は、記入しなくてもよい。 (3)　必要に応じ、工事種別を傍記する。 (4)　ケーブルの防火区画貫通部は、次により表示する。 立上り 引下げ 素通し
プルボックス及び接続箱		(1)　材料の種類、寸法を表示する。 (2)　ボックスの大小及び形状に応じ、表示する。
VVF用ジョイントボックス		端子付であることを示す場合は、t を傍記する。
接　地　端　子		医用のものは、Hを傍記する。
接　地　セ　ン　タ	EC	医用のものは、Hを傍記する。
接　地　極		(1)　接地種別を次により傍記する。 第1種　E1、第2種　E2、第3種　E3、特別第3種　Es3

		例：　⏚E₁ の図
		(2)　必要に応じ材料の種類、大きさ、必要な接地抵抗値などを傍記する。
受　電　点	⟨ の図	引込口にこれを適用してもよい。
点　検　口	▣ の図	

(2)　バスダクト

名　　称	図記号	摘　　　　　　　要
バ　ス　ダ　ク　ト	▬	(1)　必要に応じ、次の事項を表示する。 　　a　フィーダバスダクト　　FBD 　　　　プラグインバスダクト　PBD 　　　　トロリーバスダクト　　TBD 　　b　防水形の場合は WP 　　c　電気方式、定格電圧、定格電流 　　　　例：　▬ 　　　　　　　FBD3φ3W300V600A (2)　エキスパンションを示す場合は、次による。 　　　　▬N▬ (3)　オフセットを示す場合は、次による。 (4)　タップ付を示す場合は、次による。 　　　　▬T▬ (5)　立上り、引下げを示す場合は、次による。 　　　立上り　▬□→　　　　引下げ　▬□↘ (6)　必要に応じ、定格電流により幅を変えて表示してもよい。

(3)　合成樹脂線ぴ

名　　称	図記号	摘　　　　　　　要
合　成　樹　脂　線　ぴ	▬	(1)　必要に応じ、電線の種類、太さ、条数、線ぴの大きさなどを記入する。 　　　　例：　▬ 　　　　　　　IV1.6×4(PR35×18) 　　　　　　　▬○▬　電線の入っていない場合 　　　　　　　(PR35×18) (2)　回線数を次のように表してもよい。 　　　　例：　▬　　　　２回線の場合 (3)　図記号　▬　は　- - -PR- - -　で表示してもよい。 (4)　ジョイントボックスを示す場合は、次による。 　　　　▬J▬ (5)　コンセントを示す場合は、次による。 　　　　▬‖▬ (6)　点滅器を示す場合は、次による。 　　　　▬●▬ (7)　引掛ローゼットを示す場合は、次による。 　　　　▬(○)▬

(4) 増設　同一図面で増設・既設を表す場合には、増設は太線、既設は細線又は点線とする。

なお増設は赤、既設は黒又は青としてよい。

(5) 撤去　撤去の場合は×を付ける。

例：

〈機　器〉

名　称	図記号	摘　要
電動機	(M)	必要に応じ、電気方式、電圧、容量を傍記する。 例：(M) 3ϕ200V 3.7kw
コンデンサ		電動機の摘要を準用する。
電熱器	(H)	電動機の摘要を準用する。
換気扇（扇風機を含む）	(∞)	必要に応じ、種類及び大きさを傍記する。
ルームエアコン	RC	(1) 屋外ユニットには O を、屋内ユニットには I を傍記する。 RC_O　RC_I (2) 必要に応じ、電動機、電熱器の電気方式、電圧、容量などを傍記する。
小形変圧器	(T)	(1) 必要に応じ、容量、二次電圧を傍記する。 (2) 必要に応じ、ベル変圧器は B、リモコン変圧器は R、ネオン変圧器は N、蛍光灯用安定器は F、HID 灯用安定器は H を傍記する。 $(T)_B$ $(T)_R$ $(T)_N$ $(T)_F$ $(T)_H$ (3) 蛍光灯用安定器及び HID 灯用安定器で、器具に納めるものは表示しない。
整流装置		必要に応じ、種類、容量、電圧などを傍記する。
蓄電池		必要に応じ、種類、容量、電圧などを傍記する。
発電機	(G)	電動機の摘要を準用する。

〈電灯・電力〉

(1) 照明器具

名　称	図記号	摘　要
一般用照明 白熱灯 HID灯	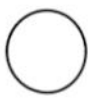	(1) 壁付は壁側を塗る  (2) 器具の種類を示す場合は、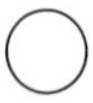の中か又は傍記により、かたかな数字などの文字記号を記入し、図面の備考などに表示する。

例： ⓘ Ⓢᵢ ① Ⓢ₁ Ⓐ Ⓢ_A など

同じ室に同じ器具を多数施設する場合は、まとめて文字記号と器具数を記入してもよい。

(3) (2)によりにくい場合は次の例による。

引掛ローゼットのみ （）

ペ ン ダ ン ト ⊖

シ ー リ ン グ・直 付 ⓒⓛ

シ ャ ン デ リ ヤ ⓒⓗ

埋 込 器 具 ⓓⓛ （ ◎ としてもよい）

(4) 容量を示す場合は、ワット数（W）×ランプ数で表示する。
例：100　　　200×3

(5) 屋外灯は ⊗ としてもよい。

(6) HID 灯の種類を示す場合は、容量の前に次の記号をつける。
水　　銀　　灯　H
メタルハライド灯　M
ナ ト リ ウ ム 灯　N
例：H400

蛍 光 灯	

(1) 図記号 〇 は、 〇 で表示してもよい。

(2) 壁付は、壁側を塗る。

横付の場合：

縦付の場合：

(3) 器具の種類を示す場合は、 〇 の中か又は傍記によりかたかな、数字などの文字記号を記入し、図面の備考などに表示する。

例： ⓘ Ⓢᵢ ① Ⓢ₁ Ⓐ Ⓢ_A など

同じ室に同じ器具を多数施設する場合は、まとめて文字記号と器具数を記入してもよい。

なお、これによりにくい場合は、一般用照明白熱灯、HID 灯の適用(3)を準用する。

(4) 容量を示す場合は、ランプの大きさ（形）×ランプ数で表示する。
また、容量の前にFをつける。
例：F 40　　　F 40×2

(5) 容量のほかに器具数を示す場合は、ランプの大きさ（形）×ランプ数−器具数で表示する。
例：F 40− 2　　　F 40×2−3

(6) 器具内配線のつながり方を示す場合は、次による。

例： F 40−2　　　　　　　F 40−3

(7) 器具の大小及び形状に応じ、表示してもよい。

例：

非 常 用 照 明 （建築基準法によるもの） 　　　　白 熱 灯	●	(1)　一般用照明白熱灯の摘要を準用する。ただし、器具の種類を示す場合は傍記する。 (2)　一般用照明蛍光灯に組込む場合は次による。 〔○ ● 図〕
蛍 光 灯	■○■	(1)　一般用照明蛍光灯の摘要を準用する。ただし、器具の種類を示す場合は傍記する。 (2)　階段に設ける通路誘導灯と兼用のものは　■⊗■　とする。
誘　　導　　灯 （消防法によるもの） 　　　　白 熱 灯	⊗	(1)　一般用照明白熱灯の摘要を準用する。 (2)　客席誘導灯の場合は、必要に応じ S を傍記する。 〔⊗S〕
蛍 光 灯	□⊗□	(1)　一般用照明蛍光灯の摘要を準用する。 (2)　器具の種類を示す場合は、傍記する。 　　例：　□⊗□中 (3)　通路誘導灯の場合は、必要に応じ、矢印を記入する。 　　例：　←□⊗□→　　　□⊗□→ (4)　階段に設ける非常用照明と兼用のものは　■⊗■　とする。
不 滅 又 は 非 常 用 灯 （建築基準法、消防法 によらないもの） 　　　　白 熱 灯	⊗	(1)　壁付は壁側を塗る。 〔⊗〕 (2)　一般用照明白熱灯の摘要を準用する。ただし、器具の種類を示す場合は傍記する。
蛍 光 灯	□⊗□	(1)　壁付は壁側を塗る。 〔⊗〕 (2)　一般用照明蛍光灯の摘要を準用する。ただし、器具の種類を示す場合は傍記する。

(2)　コンセント

名　　　　　称	図記号	摘　　　　　　　　　　　　要
コ ン セ ン ト	⦙⦙	(1)　図記号は壁付きを示し、壁側を塗る。 (2)　図記号 ⦙⦙ は、⊖ で表示してもよい。 (3)　天井に取り付ける場合は、次による。 　　〔⊙⊙〕 (4)　床に取り付ける場合は、次による。 　　〔⦙⦙▲〕 (5)　容量の表し方は、次による。 　　a　15A は傍記しない。 　　b　20A 以上はアンペア数を傍記する。

		例： 20A
		(6) 2口以上の場合は、口数を傍記する。
		例： 2
		(7) 3極以上のものは極数を傍記する。
		例： 3P
		(8) 種類を示す場合は、次による。
		抜け止め形　LK
		引　掛　形　T
		接 地 極 付　E
		接 地 端 子 付　ET
		漏電遮断器付　EL
		(9) 防水形は、WP を傍記する。
		WP
		(10) 防爆形は、EX を傍記する。
		EX
		(11) タイマ付、ふた付等特殊なものは傍記する。
		(12) 医用は、H を傍記する。
		H
		(13) 電源種別を明確にしたい場合は、その旨傍記する。
非 常 コ ン セ ン ト （消防法によるもの）		

(3) 点滅器

名　　　　称	図 記 号	摘　　　　　　　　　　　　　要
点　滅　器		(1) 容量の表し方は次による。 　a　10A は傍記しない。 　b　15A 以上はアンペア数を傍記する。 　　例： 15A (2) 極数の表し方は次による。 　a　単極は傍記しない。 　b　2極又は3路、4路は、それぞれ2P又は3、4、の数字を傍記する。 　　例： 2P　　3 (3) プルスイッチは P を傍記する。 　　P (4) パイロットランプを内蔵するものは、L を傍記する。 　　L (5) 別置されたパイロットランプは ○ とする。 　　例：

		(6)　防水形は、WP を傍記する。 　　　　●WP (7)　防爆形は、EX を傍記する。 　　　　●EX (8)　タイマ付は、T を傍記する。 　　　　●T (9)　遅動形、ふた付等特殊なものは傍記する。 (10)　屋外灯などに使用する自動点滅器は、A 及び容量を傍記する。 　　例：　●A(3A)
調　　光　　器	（調光器記号）	容量を示す場合は傍記する。 　　例：　●15A
リモコンスイッチ	●R	(1)　パイロットランプ付は、○ を併記する。 　　例：　○●R (2)　リモコンスイッチであることが明らかな場合は、R を省略してもよい。
セレクタスイッチ	⊗	(1)　点滅回路数を傍記する。 　　例：　⊗9 (2)　パイロットランプ付は、L を傍記する。 　　例：　⊗9L
リモコンリレー	▲	リモコンリレーを集合して取りつける場合は　▲▲▲　を用い、リレー数を傍記する。 　　例：　▲▲▲10

(4)　開閉器及び計器

名　　　　称	図記号	摘　　　　　　　　　要
開　　閉　　器	S	(1)　箱入の場合は、箱の材質などを傍記する。 (2)　極数、定格電流、ヒューズ定格電流などを傍記する。 　　例：　S 2P30A 　　　　　　 f 15A (3)　電流計付は、Ⓢ を用い、電流計の定格電流を傍記する。 　　例：　Ⓢ 3P30A 　　　　　　 f 15A 　　　　　　　A 5
配線用遮断器	B	(1)　箱入の場合は、箱の材質などを傍記する。 (2)　極数、フレームの大きさ、定格電流などを傍記する。 　　例：　B 3P 　　　　　　225AF 　　　　　　150A (3)　モータブレーカを示す場合は　B　を用いる。 (4)　B を S MCB として表示してもよい。
漏　電　遮　断　器	E	(1)　箱入の場合は、箱の材質などを傍記する。 (2)　過電流素子付は、極数、フレームの大きさ、定格電流、定格感度電流など、

過電流素子なしは、極数、定格電流、定格感度電流などを傍記する。

過電流素子付の例：

$$\boxed{E}\ \begin{array}{l}2\,P\\30AF\\15A\\30mA\end{array}$$

過電流素子なしの例：

$$\boxed{E}\ \begin{array}{l}2\,P\\15A\\30mA\end{array}$$

(3)　過電流素子付は、$\boxed{BE}$ を用いてもよい。

(4)　$\boxed{E}$ を $\boxed{S}_{ELB}$ として表示してもよい。

名称	図記号	摘要
電磁開閉器用押ボタン	●B	タンプラ形などの場合もこれを用いる。パイロットランプ付の場合は、L を傍記する。
圧 力 ス イ ッ チ	●P	
フロートスイッチ	●F	
フロートレススイッチ 電　　　　　極	●LF	電極数を傍記する。 例：　●LF3
タ イ ム ス イ ッ チ	TS	
電 力 量 計	Wh	(1)　必要に応じ、電気方式、電圧、電流などを傍記する。 (2)　図記号 Wh は WH で表示してもよい。
電 力 量 計 （箱入又はフード付）	Wh	(1)　電力量計の摘要を準用する。 (2)　集合計器箱に収納する場合は、電力量計の数を傍記する。 例：　Wh₁₂
変 流 器（箱入）	CT	必要に応じ、電流を傍記する。
電 流 制 限 器	L	(1)　必要に応じ、電流を傍記する。 (2)　箱入の場合は、その旨傍記する。
漏 電 警 報 器	⊘G	必要に応じ、種類を傍記する。
漏 電 火 災 警 報 器 （消 防 法 に よ る）	⊘F	必要に応じ、級別を傍記する。
地 震 感 知 器	EQ	必要に応じ、作動特性を傍記する。 例：　EQ₁₀₀～₁₇₀gal

(5)　配電盤、分電盤及び制御盤

名　　　　　称	図 記 号	摘　　　　　　　　　　　要
配電盤、分電盤及び制御盤	▭	(1)　種類を区別する場合は、次による。 配　電　盤　　⊠

	分電盤 (figure)
	制御盤 (figure)

(2) 直流用はその旨を傍記する。

(3) 防災電源回路用配電盤等の場合は、二重枠とし、必要に応じ、種別を傍記する。

    例： (figure) 1種   (figure) 2種

〈通信・信号〉

(1) 電 話

名　　　　称	図記号	摘　　　　　　　　　要
内 線 電 話 機	Ⓣ	ボタン電話機を区別する場合は、BT を傍記する。 Ⓣ BT
加 入 電 話 機	Ⓣ	
公 衆 電 話 機	(PT)	
ファクシミリ	MF	
転　　換　　器	(figure)	両切転換器の場合は、次による。 (figure)
保　　安　　器	(figure)	集合保安器の場合は、次のように表示し、個数（実装／容量）を傍記する。 例： (figure) 3/5
端　　子　　盤	(figure)	(1) 対数（実装／容量）を傍記する。 例： (figure) 30P/40P (2) 電話以外の端子盤にもこれを適用する。 (3) 中間端子盤、主端子盤、局線用端子盤を区別する場合は、次による。 中 間 端 子 盤 (figure) 主 端 子 盤 (figure) 局線用端子盤 (figure)
本 配 線 盤	MDF	
交　　換　　機	(figure)	
ボタン電話主装置	(figure)	形式を記入する。 例： 206

| 電話用アウトレット | | (1) 壁付は、壁側を塗る。

(2) 床に取付ける場合は、次によってもよい。
 |

(2)　警報・呼出・表示装置

名　　　称	図記号	摘　　　　　　　　　要
押　ボ　タ　ン		(1) 壁付は、壁側を塗る。 (2) ２個以上の場合は、ボタン数を傍記する。 　　例： (3) ナースコール用は、 又は とする。 (4) 復帰用は、次による。
握り押しボタン		ナースコール用は、⦿N 又は Ⓝ とする。
ベ　　　　ル		警報用、時報用を区別する場合は次による。 　　警報用　 　　時報用
ブ　ザ　ー		警報用、時報用を区別する場合は、次による。 　　警報用　 　　時報用
チ　ャ　イ　ム		
警　報　受　信　盤		
ナースコール用受信盤	NC	窓数を傍記する。 　　例：
表　示　器（盤）		窓数を傍記する。 　　例：
表示スイッチ （発　信　器）		表示スイッチ盤は次により表示し、スイッチ数を傍記する。 　　例：

| 表　　示　　灯 | ◎ | 壁付は、壁側を塗る。
◖◎ |

(3)　電気時計設備

名　　　　　称	図 記 号	摘　　　　　　　　　　　　　　　　要
子　　時　　計	◷	(1)　形状、種類等を示す場合は、その旨傍記する。 (2)　アウトレットだけの場合は、　◷　とする。 (3)　スピーカ付子時計は、次により表示する。 　◳◵
時　報　子　時　計	◳	子時計の摘要を準用する。
親　　時　　計	◷	時計監視盤に親時計を組み込んだ場合は、　◷　とする。

(4)　拡声装置及びインターホン

名　　　　　称	図 記 号	摘　　　　　　　　　　　　　　　　要
ス　ピ　ー　カ	◁	(1)　壁付は、壁側を塗る。 　◖◁ (2)　形状、種類を示す場合は、その旨傍記する。 (3)　消防用設備等に使用するものは、必要に応じ、F を傍記する。 (4)　アウトレットだけの場合は、次による。 　◀ (5)　方向を示す場合は、次による。 　◁→ (6)　ホーン形スピーカを区別する場合は、次による。 　□◁
ジ　ャ　ッ　ク	Ⓙ	種別を表すときは、傍記する。 　　マイクロホン用ジャック　　Ⓙ$_M$ 　　スピーカ用ジャック　　　　Ⓙ$_S$
ア　ッ　テ　ネ　ー　タ	⌀	
ラ　ジ　オ　ア　ン　テ　ナ	T$_R$	
電話機形インターホン （親）	Ⓣ	
電話機形インターホン （子）	ⓣ	

スピーカ形インターホン　（親）		
スピーカ形インターホン　（子）		ナースコール用に使用する場合は、N を傍記する。
増　　幅　　器	AMP	消防用設備等に使用するものは、必要に応じ F を傍記する。
遠　隔　操　作　器	RM	消防用設備等に使用するものは、必要に応じ F を傍記する。

(5)　テレビジョン

名　　　　称	図記号	摘　　　　　　　　　　要
テレビジョンアンテナ		必要に応じ、VHF、UHF、素子数などを傍記する。
混　合・分　波　器		
増　　幅　　器		
4　分　岐　器		
2　分　岐　器		
4　分　配　器		
2　分　配　器		
直列ユニット一端子形 （75Ω）		(1)　分岐端子-300Ω形の場合は、　とする。 (2)　終端抵抗付きの場合は、R を傍記する。
直列ユニット二端子形 （75Ω、300Ω）		(1)　分岐端子-75Ω二端子の場合は、　とする。 (2)　終端抵抗付きの場合は、R を傍記する。
壁　面　端　子		
機　器　収　容　箱		

〈防　災〉

(1)　自動火災報知設備

名　　　　称	図記号	摘　　　　　　　　　　要
差動式スポット形感知器		必要に応じ、種別を傍記する。

補償式スポット形感知器	（記号）	必要に応じ、種別を傍記する。
定温式スポット形感知器	（記号）	(1) 必要に応じ、種別を傍記する。 (2) 防水のものは、（記号）とする。 (3) 耐酸のものは、（記号）とする。 (4) 耐アルカリのものは、（記号）とする。 (5) 防爆のものは、EX を傍記する。
煙　感　知　器	（記号）	(1) 必要に応じ、種別を傍記する。 (2) 点検ボックス付の場合は、（記号）とする。 (3) 埋め込みのものは、（記号）とする。
感　知　線	（記号）	(1) 必要に応じ、種別を傍記する。 (2) 感知線と電線の接続点は、（記号）とする。 (3) 小屋裏及び天井裏へ張る場合は、（記号）とする。 (4) 貫通箇所は、（記号）とする。
空　気　管	（記号）	(1) 配線用の図記号より太くする。 (2) 小屋裏及び天井裏へ張る場合は、（記号）とする。 (3) 貫通箇所は、（記号）とする。
熱　電　対	（記号）	小屋裏及び天井裏へ施設する場合は、（記号）とする。
熱　半　導　体	（記号）	
差動式分布形感知器の検　出　部	（記号）	必要に応じ、種別を傍記する。
P　形　発　信　機	（記号）	(1) 屋外用のものは（記号）とする。 (2) 防爆のものは、EX を傍記する。
回　路　試　験　器	（記号）	
警　報　ベ　ル	（記号）	(1) 防水用のものは（記号）とする。 (2) 防爆のものは、EX を傍記する。
受　信　機	（記号）	他の設備の機能を有している場合は、必要に応じ、該当設備の図記号を傍記する。 　　　　例：ガス漏れ警報設備と一体のもの　　（記号） 　　　　ガス漏れ警報設備及び防排煙連動と一体のもの　（記号）
副　受　信　機（表　示　機）	（記号）	
中　継　器	（記号）	

表　示　灯	◐	
標　識　板	◺	
補　助　電　源	TR	
移　報　器	R	必要に応じ、該当設備の記号を傍記する。 　　警備会社等機器　　G 　　非　常　放　送　　E 　　消　火　装　置　　X 　　消　火　栓　　　　H 　　防火戸・排煙など　D 　　そ　の　他　　　　F
差動スポット試験器	T	必要に応じ、個数を傍記する。
終　端　抵　抗　器	Ω	例：　⊔Ω　　Ⓟ Ω　　⋈Ω
機　器　収　容　箱	▭	
警　戒　区　域　境　界　線	━‧━	配線の図記号より太くする。
警　戒　区　域　番　号	◯	(1)　◯ の中に警戒区域番号を入れる。 (2)　必要に応じ ⊖ とし、上部に必要事項、下部に警戒区域番号を入れる。 　　例：　⊖階段　　⊖シャフト

(2)　非常警報設備

名　　　　称	図記号	摘　　　　　　　　　　　要
起　動　装　置	Ⓕ	(1)　防水用のものは ⌒Ⓕ とする。 (2)　防爆のものは EX を傍記する。
非　常　電　話　機	ET	必要に応じ、番号を傍記する。
警　報　ベ　ル	Ⓑ	
警　報　サ　イ　レ　ン	◯◁	
報　知　区　域　境　界　線	━━━━	自動火災報知設備の警戒区域境界線の摘要を準用する。
報　知　区　域　番　号	△	△ の中に報知区域番号を入れる。

(3)　消火設備

名　　称	図記号	摘　　要
起 動 ボ タ ン	Ⓔ	ガス系消火設備は G、水系消火設備は W を傍記する。
警 報 ベ ル	Ⓑ	自動火災報知設備の警報ベルの摘要を準用する。
警 報 ブ ザ ー	⒝Z	自動火災報知設備の警報ベルの摘要を準用する。
サ イ レ ン	◁▷	自動火災報知設備の警報ベルの摘要を準用する。
制 御 盤	⊠	
表 示 盤	⊟	必要に応じ、窓数を傍記する。 例：　⊟₃
表 示 灯	◖	始動表示灯と兼用するものは　◉　とする。

(4)　防火ダンパ、防火戸などの制御機器

名　　称	図記号	摘　　要
煙 感 知 器 （専用のもの）	Ⓢ	(1)　必要に応じ、種別を傍記する。 (2)　埋め込みのものは、　Ⓢ　とする。
熱 感 知 器 （専用のもの）	⊖	必要に応じ、種類、種別を傍記する。
自 動 閉 鎖 装 置	⒠R	用途を示す場合は、次の記号を傍記する。 　　防 火 戸 用　　　D 　　防火シャッタ用　　S 　　防煙たれ壁用　　　W 　　防火ダンパ用　　　SD
速 動 制 御 器	▱	操作部を有するものは　▨　とする。
動 作 区 域 番 号	◇	◇　の中に動作区域番号を入れる。

(5)　ガス漏れ警報関係設備

名　　称	図記号	摘　　要
検 知 器	[G]	(1)　壁掛形のものにあっては、　[■G]　とする。 (2)　分離形の検知部は、　[G]　とする。 (3)　ブザー、ランプを内蔵しているものは、必要に応じ、その旨を傍記する。 　　　例：　[G]L　　　[G]L.B

検知区域警報装置	(BZ)	自動火災報知設備の警報ベルの摘要を準用する。
音声警報装置		
受　信　機		
中　継　器		(1)　複数個で一体のものは、個数を傍記する。 例：　×3 (2)　ガス漏れ表示灯の中継器にあっては、　とする。
表　示　灯		
警戒区域境界線	▬ ▬ ▬ ▬	
警戒区域番号	△	△ の中に警戒区域番号を入れる。

(6)　無線通信補助設備

名　称	図記号	摘　要
漏えい同軸ケーブル	▬▬▬	(1)　一般配線用図記号より太くする。 (2)　天井に隠ぺいする場合は、　▬・▬　を用いてよい。 (3)　必要に応じ、種別、形式、使用長などを記入する。 例：　LC×500　100m (4)　耐熱形のものは、必要に応じ H を記入する。 例：　HLC×200　50m
ア　ン　テ　ナ		(1)　必要に応じ種別、形式などを記入する。 (2)　耐熱形のものは、必要に応じ H を傍記する。
混　合　器		周波数の異なる場合は、次による。
分　配　器		(1)　分配数に応じた図記号とする。 4分配器の例： (2)　必要に応じ、種別などを傍記する。
分　岐　器		必要に応じ、分岐数に応じた図記号とする。 2分岐器の例：
終端抵抗器	─〜〜〜─	
無線機接続端子	◎	必要に応じ、消防用　F、警察用　P、自衛用　G、を傍記する。 例：　◎F
コ　ネ　ク　タ		必要に応じ、省略することができる。

分　　波　　器 （フィルタを含む）	F	

〈避雷設備〉

名　　　　　称	図 記 号	摘　　　　　　　　　　　　　　　　要
突　　針　　部	⊙	平面図用
	⚲	立面図用
避雷導線及び棟上げ導体	———	(1)　必要に応じ、材料の種類、大きさなどを傍記する。 (2)　接続点は、次による。
接地抵抗測定用端子	⊗	接地用端子箱に収納する場合は次による。

参 考 文 献

〔書　名〕	〔監修・編著〕	〔発　行〕
火災調査	消防大学校	消防科学総合センター
火災調査技術教本 　1〜4巻	東京消防庁予防部調査課	東京消防庁予防部調査課
火災便覧	日本火災学会	共立出版
火災予防技術教本	東京消防庁予防部予防課	東京法令出版
火災予防査察便覧	東京消防庁予防部	東京法令出版
家電製品と点検技術	アフターサービス委員会	家電製品協会
ガス機器の設置基準及び 実務指針	通商産業省・建設省・自 治省	日本ガス機器検査協会
建築防火教材（新版）	日本火災学会	日本火災学会
建築用語図解辞典	橋場信雄	理工学社
構造用教材	日本建築学会	日本建築学会
火災調査ポケット必携	東京消防庁予防部調査課	東京法令出版
家具用語事典	全国家具工業連合会　他	全国家具工業連合会
鍵のカタログ	三和ロック	
台所用品カタログ	クリナップ	

4訂版　**火災調査参考図** ― 調査に役立つ物品名鑑 ―

平成11年3月30日	初　版　発　行
平成14年9月10日	2　版　発　行
平成19年6月20日	3　版　発　行
平成22年3月20日	4　版　発　行
令和5年10月15日	4版12刷発行

監　修／東 京 消 防 庁

編　著／火災調査研究会

発行者／星沢　卓也

発行所／東京法令出版株式会社

112-0002	東京都文京区小石川5丁目17番3号	03（5803）3304
534-0024	大阪市都島区東野田町1丁目17番12号	06（6355）5226
062-0902	札幌市豊平区豊平2条5丁目1番27号	011（822）8811
980-0012	仙台市青葉区錦町1丁目1番10号	022（216）5871
460-0003	名古屋市中区錦1丁目6番34号	052（218）5552
730-0005	広島市中区西白島町11番9号	082（212）0888
810-0011	福岡市中央区高砂2丁目13番22号	092（533）1588
380-8688	長野市南千歳町1005番地	

〔営業〕TEL 026（224）5411　FAX 026（224）5419
〔編集〕TEL 026（224）5412　FAX 026（224）5439
https://www.tokyo-horei.co.jp/

ISBN978-4-8090-2533-4